教育地理研究丛书

主体功能区视野下云南职业教育区划研究

赵枝琳 著

Research on the Regionalization
of Yunnan's Vocational Education in
the Perspective of Major Function Oriented Zoning

科学出版社
北京

内 容 简 介

本书主要以《云南省主体功能区规划》为依据，以空间结构理论、人地关系理论、可持续发展理论、人力资本理论、职业教育与区域经济关系理论、区域规划理论为基础，依据云南职业教育布局、结构的现状，着力探讨适应云南主体功能区建设的云南职业教育区划，以促进云南主体功能区建设为主旨，力求通过对云南职业教育区划的制定与实施，形成云南职业教育与区域经济社会发展之间的良性互动，助推云南经济社会的发展和主体功能区的建设。

本书既可供教育地理学研究者、教育地理类专业研究生和本科生参考使用，也可供职业教育研究者阅读。

图书在版编目（CIP）数据

主体功能区视野下云南职业教育区划研究 / 赵枝琳著.—北京：科学出版社，2020.1

（教育地理研究丛书）

ISBN 978-7-03-063222-7

I.①主⋯ II.①赵⋯ III.①职业教育-研究-云南省 IV.①G719.2

中国版本图书馆 CIP 数据核字（2019）第 249524 号

责任编辑：朱丽娜　冯雅萌 / 责任校对：何艳萍
责任印制：李　彤 / 封面设计：楠竹文化
编辑部电话：010-64033934
E-mail: edu_psy@mail.sciencep.com

科学出版社 出版
北京东黄城根北街 16 号
邮政编码：100717
http://www.sciencep.com
北京中科印刷有限公司 印刷
科学出版社发行　各地新华书店经销
*
2020 年 1 月第　一　版　开本：720×1000　1/16
2020 年 1 月第一次印刷　印张：11 1/4
字数：184 000
定价：88.00 元
（如有印装质量问题，我社负责调换）

"教育地理研究"丛书编委会

主　编　伊继东　潘玉君

编　委　（按姓氏笔划排名）

马　力　王金亮　王　凌　甘健侯　伊继东

刘六生（执行编委）孙亚玲　李劲松　李慧勤

杨　超　陈　瑶　武友德　明庆忠　罗明东

郑勤红　封海清　赵枝琳　段从宇　骆华松

姚　辉（执行编委）曹能秀　谢红雨　潘玉君

本书由云南师范大学教育学重点学科建设经费资助出版，成果归属云南师范大学教育学重点学科建设项目

　　正如社会分工协作促进了生产力的发展那样，学科的分化及交叉融合也不断丰富和完善着人类的知识体系。古今中外在教育和地理等诸多领域形成了教育与地理环境相互联系、相互作用的思想。这一思想在 20 世纪中叶以来，凸显为教育地理思想，萌生了崭新的跨地理学和教育学的科学——教育地理学。全国科学技术名词审定委员会公布的《地理学名词》(第二版)中认为，"教育地理学是指有关教育设施和资源的供给、运作及产品的空间变化的地理学研究"。教育地理思想在地理学和教育学及诸多学科均有不同层度、不同角度的认识和阐述，在学科发展上已逐步形成了地理学与教育学相交叉的研究领域。改革开放后，随着地理学科在国民经济和社会发展中的重要作用的不断发挥，地理学在教育发展条件分析、区位选择、区域均衡和空间规划等方面的作用逐渐凸现出来。这一社会需求向地理学提出了理论和学科诉求——应该建立一门相对独立的交叉学科"教育地理学"。在此背景下，国务院学位委员会办公室批准设置教育地理学二级学科博士点，系统进行该学科的教学和研究工作，深入开展相关理论、方法和实证研究，对丰富地理学的学科内涵、拓展教育学的研究领域，对教育的协调发展及区域经济社会发展规划的编制和优化施行具有重要的理论价值和支撑作用。

　　教育地理主要研究教育地域综合体，包括：第一，各式各类教育（高等教育、中等教育、职业教育、基础教育、学前教育、老年教育等）；第二，各式各类教育进行中所依托的地理环境（自然地理环境、经济地理环境和人文地理环境及综合自然地理环境）。具体研究分为两个研究层次：①教育发展及其所依托地理环境的历史过程、格局与趋势；②教育发展的规律、特征、教育与其所依托地理环境之间的关系。据此，"教育地理研究"丛书包括十部著作，其中，《教育地理学导论》《教

育地理科研方法》是关于教育地理学学科理论和方法的著作;《中国高等教育地理:
时间序列》《中国高等教育地理:空间结构》《云南教育地理研究》《省域高等教育
结构合理性评价研究》是关于区域教育地理实证研究的著作;《教育地理区划研究》
《主体功能区视野下云南职业教育区划研究》是关于教育地理区划的方法和实证研
究的著作;《中国高等教育区域协调发展研究》《云南民族文化传承之区域教育路径
研究》是关于区域教育资源的空间配置与发展的相关研究著作。

　　教育地理研究特别是我们所从事的教育地理研究,在理论层次上可以完成对
理论研究的检验,教育地理学理论研究和以之为基础的教育地理学博士生课程内
容,均是自上而下地由地理学、教育学和其他学科的理论知识演绎而来,这些演
绎得来的理论是否是教育地理学的真理论,需要教育地理研究的实践检验。在实
践层次上具有探索意义,教育地理研究遵循教育地理学研究范式,在教育地理学
学科体系尚未完全成型阶段,教育地理的实证研究具有创新性和前瞻性意义,可
以有效促进教育地理学理论的完善,最终达到理论与实证共进的效果。

　　教育地理学是一门具有应用价值的学科,对它的研究首先具有外衍价值。一
是对国家和区域宏观教育战略方针制定的参考价值。在国家和区域教育宏观战略
的制定过程中,教育的发展不是一个单一、独立的要素,需要系统论证教育及其
格局变化对教育所依托环境的影响,除了完整意义上的教育地理研究外,现阶段
并无其他可参考的成果。二是对区域科学发展的促进作用。教育地理研究的决策
建议成果主要包括两种类型或者两种类型的综合:①寻求制约区域教育科学发展
的诸多因素,通过可控因素的调整规范或促进区域教育的科学发展;②寻求教育
对其他社会发展要素的影响关系,通过教育的调整,对其他社会发展要素进行有
效调控。这些决策建议成果主要通过区域政府职能部门的实施和调控来完成。三
是对其他学者进行相关研究的借鉴作用。

　　对教育地理学的研究,又具有内生价值:①核心竞争力的形成。通过教育地
理的基础研究、教育地理数据库的建立及教育地理研究方法的系统和完善,可以
形成有特色的核心竞争力,进而有可能承担第三方的教育测量、教育评价评估、
教育布局规划等项目或工作。②优势学科的形成。通过教育地理研究所带来的学
术影响力、社会影响力等,最终形成教育学、地理学下的教育地理优势学科。

伊继东

2015 年 4 月 8 日

前　言

　　职业教育是我国教育发展的重要组成部分，在教育与经济、教育与社会互动关系日趋增强的时代背景下，区域的主体功能定位一方面对省域职业教育发展提出了新的要求，另一方面也需要职业教育主动服务并推动区域主体功能建设。在这一问题的研究上，国内外专家学者、行政管理人员、社会公众更多聚焦于就教育论教育的问题诊断和对策探讨，系统考量职业教育所处区域功能定位下的职业教育发展研究，总体上为数甚少且缺乏区域针对性。我们认为，国家主体功能区战略的提出、《云南省主体功能区规划》的制定，既为云南职业教育的整体规划和发展提供了新的契机，也为云南职业教育分区发展的研究提供了新的视野。云南职业教育的空间布局、层次结构、专业结构、形式构成如何与主体功能区规划相适应，是云南职业教育发展急需探索解决的现实问题。

　　本书基于地理学、教育学的交叉学科研究范式，综合运用空间结构理论、人地关系理论、可持续发展理论、人力资本理论、职业教育与区域经济关系理论、区域规划理论等，首先，从《全国主体功能区规划》中的云南定位、云南的地理环境特征、《云南省主体功能区规划》、云南职业教育的发展现状四个方面，分析梳理了云南职业教育区划的客观基础；其次，运用区域规划相关理论，遵循地理区划的一般原则，结合职业教育发展特点，提出了云南职业教育区划的特殊原则；再次，运用专家咨询法、主成分分析、地理信息系统（geographic information system，GIS）空间分析方法，定性分析和定量分析相结合，建立了云南职业教育发展分类评价指标，对云南职业教育发展状况进行多样分类，在此基础上，通过模糊综合评价法，将多样分类结果转化为空间分区，并提出云南职业教育分区的具体方案——划分为核心区、腹地区、扩展区、潜力区四种类型的区域；最后，针对云南职业教育各分区，提出了不同分区的职业教育发展思路。

本书研究表明：①云南职业教育发展应主动对接，并全面适应区域主体功能区规划要求和区域功能定位。要推动云南省主体功能区建设，就要使得云南职业教育的空间布局、层次结构、专业设置、办学形式与主体功能区规划的经济发展布局、产业结构、人口分布相适应。这为云南职业教育的区划确立了新坐标。②云南职业教育分区是云南职业教育发展现状、云南自然/经济地理状况、云南不同区域主体功能定位相交互的结果。各州市既有的职业教育发展差异为云南职业教育分区提供了可能，不同区域的自然与经济地理状况是云南职业教育区域划分的重要基础，不同区域的主体功能定位决定着云南职业教育区划及发展的方向。③云南职业教育总体可以分为四类区域，一是云南职业教育发展的核心区（昆明市）；二是云南职业教育发展的腹地区［曲靖市、玉溪市、红河哈尼彝族自治州（以下简称红河州）、文山壮族苗族自治州（以下简称文山州）、大理白族自治州（以下简称大理州）、楚雄彝族自治州（以下简称楚雄州）、普洱市］；三是云南职业教育发展的扩展区［昭通市、临沧市、西双版纳傣族自治州（以下简称版纳州）、保山市、德宏傣族景颇族自治州（以下简称德宏州）］；四是云南职业教育发展的潜力区［丽江市、迪庆藏族自治州（以下简称迪庆州）、怒江傈僳族自治州（以下简称怒江州）］。④不同分区的职业教育发展应侧重不同的发展方向。

作为一个集地理学、教育学于一体的跨学科职业教育区划研究，本书一方面丰富了主体功能区战略下区域职业教育与区域发展互动的相关理论研究，另一方面也拓展了传统职业教育结构调整的理论视角，同时还具有为相关职业教育主管部门提供决策参考的现实意义。

赵枝琳

2018 年 12 月

目　　录

职业教育是我国教育体系的重要组成部分，它不仅对区域经济的发展起到重要作用，对区域社会的发展也具有不容忽视的功能。职业教育对区域经济社会的推动作用，很大程度上取决于职业教育与区域经济社会结构的适应程度，如区域职业教育规模与区域经济规模结构是否匹配、区域职业教育的专业结构与区域经济产业结构是否对接等。国家主体功能区战略的提出和《云南省主体功能区规划》的颁布实施，确立了云南省各区域经济社会发展的新格局。在全省各区域的空间开发、发展定位、发展方向都发生了巨大变革的背景下，如何规划和发展区域职业教育是新时期云南职业教育必须予以解答的问题。本章首先在对主体功能区规划背景下云南职业教育区划所面临的问题进行分析的基础之上，就国内外学者在主体功能区规划、职业教育与区域经济社会发展的相互关系、教育区划等方面的研究成果进行了梳理，并阐述了本书写作的意义、思路和研究方法。

第一节　云南职业教育区划的背景及意义

一、背景

教育区划是建立在国土空间开发基础之上的、针对教育活动制定的区域划分。制定教育区划的目的在于，依据一定的标准对一定范围内的教育活动进行分区，然后针对不同区域类型内的教育活动实行分类指导、分类管理。国土空间开发的格局是教育区划的基础背景。教育活动作为一种培养人的社会活动，有其自身特有的发展规律，因而，教育区划既要适应国土空间规划的要求，又要遵循教育发展的规律。

（一）国家主体功能区战略的提出，对职业教育发展提出了新要求

中华人民共和国成立特别是改革开放以来，我国区域经济发展取得了巨大成就，但也积累了一些矛盾和问题。其中最为突出的是空间开发失序、资源和要素空间配置效率低下、发展方式粗放、产业结构调整滞后、区域差距扩大等问题，人与自然和谐相处的关系遭到一定程度的破坏。鉴于此，《中华人民共和国国民经济和社会发展第十一个五年规划纲要》首次提出以下战略：推进形成主体功能区，根据资源环境承载能力、现有开发密度和发展潜力，统筹考虑未来我国人口分布、经济布局、国土利用和城镇化格局，将国土空间划分为优化开发区域、重点开发区域、限制开发区域和禁止开发区域四类主体功能区，按照主体功能区定位调整完善区域政策和绩效评价，规范空间开发秩序，形成合理的空间开发结构。按照发挥比较优势、加强薄弱环节、享受均等化基本公共服务的要求，逐步形成主体功能定位清晰，东部、中部、西部良性互动，公共服务和人民生活水平差距趋向缩小的区域协调发展格局。这个战略简称为"主体功能区战略"。主体功能区战略的提出是对我国国土空间开发管理思路和战略的一个重大创新，是对区域协调发展战略的丰富和深化，具有重要的理论和现实意义（国务院发展研究中心课题组，2008：2）。

主体功能区战略是为适应贯彻落实科学发展观、促进经济社会可持续发展的要求，在借鉴国外制定、实施空间规划实践经验的基础上，根据我国的基本国情、经济社会发展所处的阶段和面临的问题提出的，旨在加强国土空间开发、规范空间开发秩序、促进区域协调发展的一项重要理论创新和重大战略决策（国务院发展研究中心课题组，2008：2）。其核心是利用区划方法和分类管理的政策手段，实现对区域开发空间结构的科学规划和区域空间开发秩序的有效调控（国务院发展研究中心课题组，2008：96）。推进主体功能区建设是国家实施可持续发展战略、促进区域协调发展的重大战略部署，也是一段时期内我国经济社会发展的新指针。

2011 年 6 月，国务院发布了《国务院关于印发全国主体功能区规划的通知》，并要求：各省、自治区、直辖市人民政府要按照《全国主体功能区规划》明确的原则和要求，尽快组织完成省级主体功能区规划编制工作，并认真实施。各部门

要根据《全国主体功能区规划》明确的任务分工和要求，调整完善财政、投资、产业、土地、农业、人口、环境等相关规划和政策法规……全面做好《全国主体功能区规划》实施的各项工作。

《全国主体功能区规划》的序言明确了推进形成主体功能区，是深入贯彻落实科学发展观的重大举措，有利于推进经济结构战略性调整，加快转变经济发展方式，实现科学发展；有利于按照以人为本的理念推进区域协调发展，缩小地区间基本公共服务和人民生活水平的差距；有利于引导人口分布、经济布局与资源环境承载能力相适应，促进人口、经济、资源环境的空间均衡；有利于从源头上扭转生态环境恶化趋势，促进资源节约和环境保护，应对和减缓气候变化，实现可持续发展；有利于打破行政区划界限，制定实施更有针对性的区域政策和绩效考核评价体系，加强和改善区域调控（人民出版社，2015：2）。

《全国主体功能区规划》将我国国土空间分为以下主体功能区：按开发方式，分为优化开发区域、重点开发区域、限制开发区域和禁止开发区域；按开发内容，分为城市化地区、农产品主产区和重点生态功能区；按层级，分为国家和省级两个层面。优化开发区域、重点开发区域、限制开发区域和禁止开发区域，是基于不同区域的资源环境承载能力、现有开发强度和未来发展潜力，以是否适宜或如何进行大规模高强度工业化、城镇化开发为基准划分的（人民出版社，2015：15）。

各类主体功能区，在全国经济社会发展中具有同等重要的地位，只是主体功能不同，开发方式不同，保护内容不同，发展的首要任务不同，国家支持重点不同。国家对城市化地区主要支持其集聚人口和经济，对农产品主产区主要支持其增强农业综合生产能力，对重点生态功能区主要支持其保护和修复生态环境（人民出版社，2015：15-16）。

《全国主体功能区规划》以一种全新的国土空间开发理念，打破过去主要以行政区划为单元来进行国土空间开发和经济社会发展规划的传统观念，摒弃过去主要把国内生产总值（gross domestic product，GDP）作为区域经济社会发展的主要指标，忽略人与自然、经济社会与自然环境和谐共处的片面发展方式，把全国范围内的国土空间划分为四种主体功能类型区域。但是，根据我国现行的国土空间管理模式，最终主体功能区规划的实施和建设的职责只能落实到各级政府，而各级政府就需要转变发展观念和发展方式，按照所管辖区域内主体功能区的划分，有序开发，分类开发。

教育是培养人的社会活动。职业教育是教育活动中的一种类型，是国民教育体系中的一个重要部分。《中国大百科全书——教育》对职业教育有一个简明而经典的定义：职业教育是给予学生从事某种职业或生产劳动所必需的知识和技能的教育。职业教育的教育目标就是培养生产一线的应用型、技术型实用人才。

职业教育是众多教育类型中与社会发展的关系最为紧密，与区域经济的联系也最为紧密的一种，它是技能型劳动力生产与再生产、科学技术生产与再生产的重要基地，贯穿于区域经济发展的每个环节，通过人才培养、新技术的研发与应用，直接对经济发展和科技进步产生作用。在现代化的生产条件下，这种联系越来越紧密。职业教育的发展不仅会直接地推动经济发展和科技进步，也会间接地推动政治和文化的发展。反之，职业教育的发展也要受到一定历史阶段的经济发展水平、科技进步的程度以及国家的政治制度和文化传统的制约。两个方面的协调发展，就会促进职业教育与经济、科技、政治及文化发展的良性循环，相互促进；如果两个方面的发展不协调，则可能相互阻碍，滞缓发展（刘合群，2004：37）。

在我国主体功能区的建设中，主体功能区规划导致原有的区域经济布局、产业结构、人口分布等发生了巨大的改变，一方面，它改变了区域职业教育所为之服务的经济和社会发展格局；另一方面，它也改变了区域职业教育发展的市场需求导向。这些改变要求区域职业教育的发展方向必须相应地产生变革，才能为主体功能区的建设培养出适应性人才，为主体功能区规划的实施提供有力的技能人才支撑。

（二）《云南省主体功能区规划》的制定，为云南职业教育区划提供了新视野

云南省地处我国西南部，毗邻缅甸、老挝和越南三国，内接广西、贵州、四川和西藏四省（自治区），具有丰富的矿产、水、野生动植物等资源。云南省独特的区位和资源环境条件决定了其在国家主体功能区中的重要地位。在《全国主体功能区规划》中，云南省主要肩负着为国家可持续发展提供资源环境保障和保障国家边境安全等方面的功能。因此，云南省在《全国主体功能区规划》的区域类型中基本属于限制开发区域和禁止开发区域两种类型。

根据《全国主体功能区规划》《云南省国民经济和社会发展第十一个五年规划纲要》《云南省国民经济和社会发展第十二个五年规划纲要》的要求，结合云南省省情，云南省人民政府制定了《云南省主体功能区规划》。

参照《全国主体功能区规划》的划分原则,《云南省主体功能区规划》将全省的空间按照开发方式分为重点开发区域、限制开发区域和禁止开发区域三类主体功能区①,为云南省各区域经济、社会、文化、教育等各项事业的发展指明了方向,也为云南职业教育区划提供了新的视野。

(三)适应主体功能区建设需要,是云南职业教育区域发展的必然选择

主体功能区规划是在"十一五"时期制定的一项基础性和创新性的规划,具有很强的统领性和约束性,要求其他规划做出相应的适应性调整。所以,现有的各类规划都应按照主体功能区规划的原则和定位尽快进行修订(高国力,2008:14)。

《全国主体功能区规划》明确提出:本规划是涉及国土空间开发的各项政策及其制度安排的基础平台。各有关部门要根据本规划调整完善现行政策和制度安排(人民出版社,2015:88)。其中包括财政政策、投资政策、产业政策、土地政策、农业政策、人口政策、民族政策、环境政策、应对气候变化政策。在人口政策方面,要求切实加强义务教育、职业教育与职业技能培训,增强劳动力跨区域转移就业的能力,鼓励人口到重点开发和优化开发区域就业并定居(人民出版社,2015:93)。

《云南省主体功能区规划》对云南省全省域的主体功能类型进行了规划,对全省各区域的产业布局、发展定位、区域分工,乃至人口布局都做出了详细规划,而这样的规划是前所未有的,与过去的发展规划截然不同。

在职业教育发展方面,《云南省主体功能区规划》明确提出:在重点开发区域,要统筹整合各类教育培训资源,努力满足社会成员多样化、个性化、职业化的学习需求;在限制开发区域,要加强基础教育和职业教育,鼓励支持职业学校积极参与农村劳动力转移培训和农村实用人才培训,使本区域人口具备相应的素质和能力,切实增强劳动力流动和转移就业的能力,提高人口综合素质和人力资本水平;在禁止开发区域,要积极发展职业教育培训和现代远程教育,实施人力资源梯级开发,提高区域内人口的综合素质,以适应从事特色产业发展、维护生态环境及接待外来观光人员和从事相关经营活动的需要。②《云南省主体功能区规划》

---

① 云南省人民政府. 云南省人民政府关于印发云南省主体功能区规划的通知. http://www.yn.gov.cn/yn_zwlanmu/yn_gggs/201405/t20140514_13978.html[2016-12-30].

② 云南省人民政府.云南省人民政府关于印发云南省主体功能区规划的通知. http://www.yn.gov.cn/yn_zwlanmu/yn_gggs/201405/t20140514_13978.html[2016-12-30].

专门对不同类型功能区的职业教育发展提出了新要求，为云南职业教育的区划确立了新坐标。同时也说明，职业教育的适应性发展是促进主体功能区建设的路径之一。

当前，云南职业教育的发展取得了巨大成就，现已形成高等职业教育、中等职业教育、初等职业教育三个层次，分布涵盖全省各州市、各县，专业设置基本满足原有需求，形成公办与民办职业教育共存的格局。但是，当前的云南职业教育发展现状是基于主体功能区规划出台之前云南省原有的经济社会发展条件和市场需求而逐渐形成的，是基本适应于原有的产业布局、社会发展布局和人口布局的。这样的现状与《云南省主体功能区规划》对不同类型功能区的职业教育发展提出的新要求已然不相适应。例如，职业教育资源分布极不均衡，昆明市高度聚集着云南省近 2/3 的高等职业教育资源和近 1/5 的中等职业教育资源（云南省教育厅，2017），各州市的职业教育资源主要以中等职业教育为主；职业教育的层次偏低，全省的职业教育主要以中等职业教育为主，高等职业教育的构成比例偏低；职业教育的专业结构不尽合理，各职业院校在设置专业时，主要考虑自身的办学条件和市场需求，开设的专业往往集中在一些短期内的热门专业、所需硬件投入较少的专业，导致一部分学校专业设置趋同，而对于区域发展、主体功能区建设所需的专业没有设置或设置不足。云南职业教育发展现状与主体功能区规划不相适应的这些方面，都亟待缓解或解决。

未来的云南职业教育区划，需要紧紧围绕主体功能区发展的新思路进行重新规划和调整，既要适应《云南省主体功能区规划》的要求，又要遵循职业教育发展的规律，还要在区划的制定中缓解或解决现有职业教育发展状况与主体功能区建设不相适应的矛盾。因此，在推进形成云南省主体功能区的进程中，非常有必要制定相应的"云南职业教育区划"，指导云南职业教育更好地为云南省主体功能区的建设储备人才，提高劳动力素质，促进云南省生产力整体水平的提升。

二、意义

本书以《全国主体功能区规划》《云南省主体功能区规划》为指导，依据云南经济社会发展的需求，立足云南职业教育的布局和结构现状，在调研云南省教育主管部门等相关部门，以及对各州市经济社会发展的相关文献资料进行数据处理分析的基础上，明确云南职业教育布局和结构的现状、优势、问题及原因。从主体功能区这个背景地域，以理论与实践相结合的角度对云南职业教育区划进行全方位研究，以职业教育区划为切入点，提出云南职业教育分区发展的对策建议，力求促进云南职业教育发展与云南省主体功能区建设相适应，最终实现云南职业教育与云南经济社会的共赢发展。

（一）理论意义

职业教育是培养各层次的技术人员、管理人员和其他城乡劳动者的教育，可以说，职业教育是所有教育类型中促进人力资源开发最直接、最有效的教育。职业教育通过开发人力资源，培养适合经济和社会发展需求的各类人才，推动经济发展和社会进步。合理的区域职业教育区划，可以保证区域人力资源的科学发展，使人才培养满足该区域的经济、社会发展需要，推动产业结构、技术结构和产品结构不断改善和升级，为区域经济的发展不断注入新的活力，最终服务于主体功能区的发展。本书以国家主体功能区战略为指针，以《云南省主体功能区规划》为基础，以云南职业教育区划为立足点，对主体功能区战略与区域职业教育之间的互动关系、在主体功能区视野下区域职业教育区划的理论依据等进行了分析和阐述，不仅丰富了国家主体功能区战略下区域职业教育与区域发展互动的相关理论研究，还对云南省主体功能区视野下职业教育区划的实践具有理论指导意义。

本书借鉴地理学的区域规划理论，运用区域规划的方法，融入教育的发展规律，使得教育区划的过程既有定性分析，又有定量研究；既符合地理学的区域规划范式，又遵循教育规律，这样的研究成果对于其他地域的教育规划也具有理论指导意义。

（二）实践意义

本书以《云南省主体功能区规划》这一新的空间规划为出发点，通过对云南职业教育发展的现状进行深入分析，紧紧扣住主体功能区建设对云南职业教育发展提出的新要求，对云南职业教育进行区划，并针对各区划类型提出发展对策建议，可以为政府和教育主管部门制定职业教育空间规划和结构优化政策提供决策参考，也可以为云南各职业院校适应主体功能区发展、调整发展策略提供参考，具有较强的实践价值。

第二节　云南职业教育区划相关问题的研究现状

文献数量是直接反映某一既定研究主题受关注程度的重要指标。在中国知网上进行检索，截至 2019 年 7 月 15 日，以"主体功能区"为主题做全文检索，共有博士学位论文 38 篇，硕士学位论文 230 篇，期刊论文检索结果 2456 条，会议论文 203 篇。以"云南省主体功能区"为主题做全文检索，共有检索结果 18 条，其中有期刊论文 12 篇，硕士学位论文 5 篇，会议论文 1 篇。以"云南省主体功能区与职业教育发展"为主题做全文检索，未获得检索结果。

一、关于"职业教育与区域发展"

职业教育是一个笼统的概念，泛指一切以培养学生从事某种生产劳动所需要的知识技能的教育，按照所处区域范围的不同，职业教育可以是国家这个空间尺度上的职业教育，也可以是省域职业教育，还可以是州市域职业教育，或是县域职业教育。一般来说，按照我国现行的职业教育管理体制，各层级区域的职业教育，由本层级的教育行政管理部门进行管理，并由更高层级的教育行政管理部门进行统筹管理。所以，按照与现行管理体制相一致的原则，职业教育的区域概念主要以行政区划为单元来进行划分。

区域发展是一个综合性概念。区域的发展包括很多方面，诸如区域经济的发展、区域社会结构的改善、区域文化的变迁、区域人口素质的提升等。

对于职业教育在区域经济发展中所起的作用，学者普遍认为，在庞大的教育系统中，职业教育与经济发展的关系最为紧密（朱德全和徐小容，2014：45）。职业教育首先是为当地区域经济发展服务的，其次才是为整个国家经济发展服务的（黄立志和李名梁，2010：22）。职业教育是现代社会中知识形态生产力转化为现实生产力的桥梁，是实现生产管理现代化的决定性因素，是生产和培养熟练劳动力的根本途径（王清连等，2008：88）。

在探讨职业教育和区域经济发展的关系时，学者主要持两种观点。一种是互动论，即认为区域经济发展与职业教育之间呈现出一种相互促进的互动关系。一方面，职业教育要以区域经济社会发展为物质基础，要适应区域经济发展水平；另一方面，职业教育对区域经济发展具有能动的促进作用，是区域产业结构升级、技术创新、劳动者素质提高的主要依托（王清连等，2008：229）。朱德全等（2014：45）认为，区域经济通过为职业教育提供物质保障与经费支持促进职业教育发展，职业教育通过培养劳动力、提高劳动力的生产效率间接推进区域经济增长，职业教育与区域经济存在复杂的双向交互关系。另一种是协调论，即认为职业教育和区域经济发展之间是既相互促进又相互制约的辩证关系。一方面，职业教育的发展对地区经济乃至国家经济都产生着巨大影响；另一方面，职业教育的发展又受到区域经济发展的制约。只有实现两方面协调发展，才能促进职业教育与区域经济的良性互动；反之，则可能互相受阻（常雪梅等，2010：170）。

既然在职业教育和区域经济发展之间存在最紧密、最直接的联系，并且两者之间是相互促进、相互制约的，那么，如何实现职业教育和区域经济之间的联动发展呢？广大学者在这方面进行了深入全面的探讨，分别从专业设置、资源配置、教育制度设计、体系建设、发展模式等层面，就如何去适应和对接区域经济发展提出了自己的观点。朱德全等（2014：50-51）认为，要实现职业教育与区域经济的联动发展，首要前提是要在结构上实现两者的多维对接，包括职业教育的专业结构与区域经济产业结构的匹配；职业教育层次结构与区域经济技术结构的对接；职业教育招生结构与区域经济规模结构的对等；职业教育布局结构与区域经济分布结构的配套。

职业教育不仅对区域经济发展起到重要作用，对区域社会的发展也具有不容忽视的影响。王清连等（2008：85-87）认为，职业教育是国民经济和社会发展的基础。职业教育的主要任务就是培养和提高在第一线从事生产、经营和管理的各类技能型人才的综合素质和职业能力，其发展规模、水平和质量直接影响到产品质量的升级、服务水平的提高和经济效益的提升。良好的职业教育是建设人力资源大国的便捷渠道，是推进城市化进程的重要手段，是改变弱势群体不利社会地位的有效途径。

范其伟（2004：35-38）认为，职业教育是实现农民市民化的重要途径。职业教育对转移农民市民化的意义主要体现在：职业教育通过与真实的社会生产生活环境联系紧密的教育内容和手段对转移农民进行教育，促进其再社会化。

关于"职业教育与区域发展"的研究成果众多,从研究层次上来划分,可分为宏观层面上的研究、中观层面上的研究和微观层面上的研究。宏观层面上的研究主要是探讨职业教育和经济社会发展之间的全面关系,这样的研究成果不多,主要集中在著作中,研究得比较全面的诸如王清连等的《职业教育社会学》,其对职业教育与经济发展、社会变迁、社会结构、社会人口、文化变迁等各方面之间的关系都进行了比较深层次的探索。中观层面上的研究主要是指对职业教育与区域发展的某一方面之间关系的研究,其中以对职业教育与区域经济发展之间关系的研究成果最为丰硕,学者基本达成了这样的共识:职业教育与区域经济发展之间存在着最为紧密的联系,职业教育和区域经济发展之间是相互联系、相互制约的交互关系。微观层面上的研究包括对职业教育的某些层面与区域经济发展关系的研究,如研究职业教育的专业设置、体系建设、制度设计等如何适应区域经济发展,以及研究我国的城市化进程中如何发展职业教育等。

从研究范围上来划分,其可分为国家范围内职业教育的发展、省域范围内职业教育的发展,以及市域和县域范围内职业教育的发展的研究。从国家这个宏观空间尺度上以及省域空间尺度上来研究职业教育发展的研究居多。省域职业教育发展的研究,涉及湖南、广东、广西、辽宁、陕西、吉林、云南等省(自治区)的职业教育发展研究。这些研究都从各层级区域的经济社会发展状况入手,来分析探讨如何发展区域职业教育以适应区域经济社会的发展。

在研究方法与手段上,研究者大多使用的是文献研究法、实证研究法(如聚类分析、主成分分析、灰色系统方法等)、比较研究法、调查法等研究方法,主要通过调研和查阅统计年鉴及网站等途径来获取数据。

从研究成果的总体情况来看,研究的层次和类型都较为丰富。但从研究的学科分布上来看,绝大部分研究成果集中在教育学科的研究之中,也就是从职业教育自身的发展规律入手来进行研究;另外,从经济学角度进行的研究,主要侧重于从经济发展的需求角度来研究职业教育的发展。从地理学的角度,特别是以人地关系理论为基础来探讨职业教育的区位和区域规划的研究成果较为缺乏。教育作为一种人文现象,与其所处的自然地理环境和人文地理环境有着千丝万缕、密不可分的关系,从地理学的视角来研究职业教育的发展,是一种全新的研究角度。

二、关于"主体功能区"

主体功能区的概念是我国在借鉴国外的区域划分理论和实践，在深入研究和分析我国的基本国情，总结中华人民共和国成立以来在区域发展战略的探索与实践经验基础上提出的创新性概念。

国土空间是人类赖以生存和发展的基础。一个国家、一个区域经济社会的发展必然依托于特定的国土空间。特定的国土空间有其自身的资源禀赋和自然属性，它既是经济社会发展的支撑条件，又是经济社会发展的限制因素。这就要求以工业化、城市化为主要内容的国土空间开发，必须与国土空间的自身属性和特点相适应（国家行政学院进修部，2013：4）。

不可否认，我国在实行改革开放政策以来，经济保持持续快速增长，工业化、城市化迅速推进，人民生活水平显著提高，综合国力明显增强。但是，由于历史、体制、人为等各种因素的影响，特别是由于我们对国土空间开发的科学规律认识不足，盲目追求 GDP 的单方面增长，一些地方采用不合理的经济发展方式，不考虑资源环境的承载能力，无序开发国土空间，使国土空间的开发和利用产生一系列严重问题。具体包括：①区域资源环境矛盾加剧。长期以来，国土资源的过度开发，致使越来越多的地区出现水资源短缺、能源不足、环境污染加剧、绿色生态空间锐减等问题（何光汉，2010：3）。②国土空间结构不合理，利用效率低。经济分布与资源分布失衡，生产空间特别是工矿生产占用空间偏多，生态空间偏少；耕地面积减少过多过快，农产品保障供给安全面临重大挑战。部分中小城市、开发区占用空间过大，而集聚人口和经济规模偏小。③区域发展不协调。各区域的人口、经济、资源环境的空间配置不均衡，导致区域间的公共服务和生活条件差异过大。

在这样的背景下，《中共中央关于制定国民经济和社会发展第十二个五年规划的建议》将建设主体功能区提升到国家战略高度。研究者对主体功能区概念提出的重要性和创新性产生高度一致的认可，李振京等（2007：18）认为，一是主体功能区的新提法意味着我国政府政策模式的转变，意味着我国区域发展和区域合作的导向变化，表明我国区域发展战略出现了从"切块式"发展向更加讲求科学性、合理性转化的趋势；二是主体功能区将成为政府进行宏观调控的新途径，主体功能区规划作为未来引导和约束我国人口分布、经济布局、国土利用和城镇化格局的总体方案，将对我国规范空间开发秩序产生深远和实质性的影响；三是主体功能区建设可有效发挥区域协调功能，有利于缩小区域发展差距，实现经济发展和人民生活水平的协调。

杨伟民等（2012：9-10）认为，实施主体功能区战略，说到底就是要使人们的思想和活动适应与遵循自然规律和人类社会发展规律，改变所有区域都试图加大经济开发力度的思维定式，转向根据国土空间的承载能力进行开发；改变不同区域为追求经济发展采取雷同的产业结构、城市结构的开发模式，转向根据国土空间的主体功能进行开发；改变各个区域重视自身开发、忽视总体开发需要的单体开发，转向根据总体开发要求协调区域开发的综合国土开发；改变重视当代人、忽视后代人的短视开发，转向兼顾当前利益与长远利益的永续开发，从而开辟出一条科学开发利用国土空间的有效途径。

在"主体功能区"的概念和内涵方面，虽然这一名词已被广为接受，但由于主体功能区的提法在我国的区域发展战略规划中还是首次出现，它的这种创新性使得我国学术界对主体功能区的内涵尚未得到明晰界定和统一认识。

孙姗姗等（2006：73）认为，所谓主体功能区是指根据不同区域的资源环境承载能力和发展潜力，按区域分工和协调发展的原则划定的具有某种主体功能的规划区域。主体功能区是由主体功能区规划得来的。

魏后凯（2007：28）认为，主体功能区具有类型区和功能区的双重属性，理由是主体功能区具有区内经济特征、资源禀赋及发展基础等的相对一致性，同时又在全国区域经济系统中肩负不同的功能，在四类主体功能区中，不同主体功能区不应追求统一的评价指标体系。

高国力（2008：15）认为，主体功能区不同于一般功能区（如工业区、农业区等），主体功能是在某一地域多种功能并存的情况下，经过功能重要性排序后确定的首位功能，强调自己功能最重要的一面，是在超越一般功能和特殊功能基础之上的功能定位，但又不排斥一般功能和特殊功能的存在和发挥。同时，主体功能区可以从不同空间尺度进行划分，既可以有以市、县为基本单元的主体功能区，也可以有以乡、镇为基本单元的主体功能区，取决于空间管理的要求和能力。

陆玉麒等（2007：18）认为，空间发展类型区划分所面对的区域是一个兼具均质属性与功能属性，且功能属性更为突出的综合性区域。

虽然各位学者对主体功能区内涵的认识不尽相同，但他们达成了共识，即主体功能区的提出是为了服务于特定功能类型区因地制宜的发展和合理空间格局的构建，明确产业合理规模和布局，引导各种功能要素的合理流动，逐步形成主体功能清晰、发展导向明确、开发秩序规范、经济发展与人口和资源环境相协调的区域发展格局。作为地理区划发展到一定阶段的产物，主体功能区规划所追求的是社会-生态-经济系统的综合平衡发展（李雯燕等，2008：8）。

党的十七大明确提出，"加强国土规划，按照形成主体功能区的要求，完善区域政策，调整经济布局。遵循市场经济规律，突破行政区划界限，形成若干带动力强、联系紧密的经济圈和经济带"[①]。主体功能区规划对于其他区域规划的基础性地位不言而喻。

在主体功能区规划与其他规划之间的关系上，杨伟民等（2012：17）认为，主体功能区规划是以国土空间为对象编制的战略性、基础性、约束性规划，是其他各类规划在空间开发和布局方面的依据。主体功能区规划一经制定，也是经济社会发展总体规划在国土空间开发、经济布局、人口分布方面的依据。区域规划依据主体功能区规划编制，是总体规划和主体功能区规划在特定国土空间的延伸和细化，是城市规划和土地利用规划以及其他该区域专项规划编制的依据。

方忠权（2008：32）认为，要建立主体功能区规划的核心地位。主体功能区规划是发展规划在空间上的延伸和具体体现，强调空间的主体功能，明确资源配置的总体方案、人口分布的总体框架、重大基础设施的布局和公共服务产品在空间的分配，具有很强的约束性和指导性，但也存在与其他规划的协调问题。必须建立主体功能区规划的核心地位，将其作为其他规划编制的基础和依据，为其他规划间的衔接和协调奠定基础。

杨伟民（2007：23）认为，在规划体制上，通过建立主体功能区规划的核心地位来强化统筹规划，重塑规划的权威性，强化规划对开发活动的约束功能，形成以主体功能区规划为基础，其他各类规划为支撑，各类规划定位清晰、功能互补、统一衔接的规划体制。

高国力（2008：14）认为，主体功能区规划作为"十一五"时期新提出制定的一项基础性和创新性规划，具有很强的统领性和独立性，必须尽快明确其与其他各级各类规划的相互关系和分工定位，要求其他各项规划做出相应的适应性调

---

① 中国网. 胡锦涛在中国共产党第十七次全国代表大会上的报告. http://www.china.com.cn/17da/2007-10/24/content_9119449.htm[2016-12-30].

整。现有的各类规划应按照主体功能区规划的原则和定位，分阶段、有步骤地重新修编和调整；今后将要制定的各类新的规划应严格依据主体功能区规划的要求，确立各自规划的重点和目标。

综合起来，学者认同主体功能区规划在各类规划中的核心地位，主体功能区规划涉及各区划单元的国土空间开发、经济布局和人口分布等，其他区域性规划应该以主体功能区规划为基础和编制依据。

主体功能区规划是我国的一项创新性工作，国外没有现成的理论和方法体系可以照搬（张胜武和石培基，2012：8）。当前，我国对主体功能区的研究已经取得了阶段性的成果，例如，学者对主体功能区战略给予了一致的肯定，认同主体功能区规划是对我国加强国土空间开发、落实科学发展和实施可持续发展战略的重大创新，并对主体功能区规划的具体路径和方法做了大量的研究，在不同层级的地域单元做出了具体的规划，一些省（自治区、直辖市）已经相继出台了主体功能区规划方案。然而，目前的区划技术和方法尚未形成统一的操作流程和标准，技术体系还不完善。在本书中，由于《全国主体功能区规划》《云南省主体功能区规划》已经形成，本书不再将关于主体功能区规划的技术和方法的研究作为研究重点，而是把重点确定为在主体功能区的建设中，职业教育应如何服务于主体功能区建设。

在各省（自治区、直辖市）的主体功能区规划出台之后，研究的方向将逐步转向主体功能区建设实践中出现的问题。例如，如何建立主体功能区相关区域的配套政策体系、各区域间协调发展的保障机制？特别是基于各层级的主体功能区规划，其他的部门规划及区划应如何来制定？以及主体功能区理论如何在区域发展的实践中来验证与完善？这些都是研究者在推进形成主体功能区的进程中必须探讨的问题。在现有的研究基础上，在主体功能区建设方面，还有以下几个重要问题值得继续进行深入探讨。

1）在各省（自治区、直辖市）的主体功能区规划出台之后，各层级区域的各部门如何统筹协调实现主体功能区规划制定的各项目标？各区域之间的协调发展如何实现？

2）优化开发区域和重点开发区域的主体功能确定之后，需要承接产业、人口及其他要素的高度聚集，而这些地区原本往往就是产业、人口的高聚集区域，在进一步接纳限制开发区域和禁止开发区域迁入的人口、产业的过程中会产生哪些问题？如何解决这些问题？

3）禁止开发区域和限制开发区域一般都是贫困人口集中的区域。这些区域如何通过人口迁移、主导产业选择、公共服务均等化等途径，实现区域协调发展，实现贫困人群和弱势群体的公平待遇？

4）教育是培养人的社会活动，而职业教育是培养专业技术人才的有效途径。如何发挥职业教育的优势，特别是在主体功能区的建设中，在人口迁移、产业结构调整等方面发挥作用？

总之，主体功能区定位是实现区域协调发展的重大举措，是实现科学发展的重要途径。但是，在规划和发展目标达成之间，主体功能区的建设还有很长的路要走，开展关于主体功能区建设的专门性研究非常有必要。

三、关于"职业教育区划"

区域概念最早源于地理学，自 17 世纪以来一直是地理学研究的核心概念之一。20 世纪以来，政治学家、经济学家、社会学家也开始关注区域问题，"区域"一词逐步成为众多学科广泛使用的概念。但不同学科对"区域"概念的理解是不同的。地理学把"区域"界定为地球表面的一个地域单元；政治学把"区域"定义为国家实施管理的一个行政单元；社会学则把"区域"视为一个具有人类某些共同社会特征（如语言、宗教信仰、民族等）的社会聚落；而经济学将"区域"理解为在经济上相对完整的一个经济单元（张京祥和崔功豪，1999：37）。

在教育学领域，彭世华（2003：3）认为，区域是指一个与国民教育相对应的教育发展的较小空间概念，一个便于从整体上组织、计划、协调和控制教育活动的空间范围，它在内涵上重在考虑教育发展的特殊性和差异性、行政区域的调控能力以及区位的影响。罗明东等（2001：61）认为，教育活动总是在特定的地理环境中进行的。有关教育活动发生、进行的区域，我们就把它叫做教育区域。因此，教育区域作为教育活动的地理依托，其存在是客观的。从内涵上来看，教育区域是客观存在的，是具有其内部结构、运作形式及外部联系的教育地域的总和。

有关教育区域的概念和定义的研究不多，但从现有的研究成果来看，教育区域与其他学科的区域概念有相似之处，都属于"空间"概念，不同的是，不同学科的区域概念都与该领域的基本发展规律相关，例如，在教育区域，它不仅仅是教育活动存在和发展的空间，更重要的是其内涵中蕴含着教育发展的一般规律，遵循着教育发展的一般规律。

区域规划在国外多被称为空间规划。目前，国内外的地理学或区域经济学领域并没有将这两个概念进行严格的区分，即区域规划等同于空间规划（孙鹏等，2014：8）。

国内学者对区域规划的定义和内涵进行了不同程度的探讨。孙鹏等（2014：8-10）认为，规划是人们以思考为依据，安排其行为的过程；区域规划也是人们根据现有的认识，对规划区域的未来设想和理想状态及其实施方案的选择过程。区域规划就是在一定地域范围内，在分析区域的历史和发展现状的基础上，明确规划区域的社会经济发展方向和目标，对区域未来一段时期内的社会经济发展和建设项目，包括土地利用、城镇建设、基础设施和公共服务设施布局、环境保护等方面做出的总体部署和统筹安排，并在协调处理各部门（交通部门、环境部门、农业部门等）政策的基础上，提出区域规划的实施政策。因此，区域规划具有目的性、前瞻性、综合性、战略性、地域性以及动态性的特征。

韩晶（2011：4）认为，区域规划是在综合评价区域自然条件和社会经济条件、对区域范围内的社会经济系统进行历史和现状分析诊断的基础上，对该区域的经济建设和社会发展所进行的总体部署。区域规划区别于其他计划工作的最重要特点就是在区域运动发展的时空关系上，在更侧重、更强调时空关系的协调性、有序性和相互对接的基础上，发挥其空间部署的特长。事实上，所谓区域规划就是在一定的地理空间范围内对经济要素进行布局的制度性安排。

国内学者一致认为，不同的划分标准决定了不同的区域分类，例如，自然区划需要根据土壤、气候、水资源、能源等自然特征构成的指标体系来进行划分；经济区划则要以经济活动的空间分布规律为标准进行划分等。

截至2019年7月15日，以"教育区划"为主题对中国知网所收录的文献资料进行较为全面系统的检索，选取的数据库包括中国期刊全文数据库、中国博士学位论文全文数据库、中国优秀硕士学位论文全文数据库，检索到与"教育区划"相关的文献资料共16条，经认真筛选，其中与"教育区划"直接相关的论文只有8篇，研究的学科主要集中在教育理论与教育管理领域。

对教育进行区划，既要遵循区划的基本原则与方法，又要遵循教育发展的客观规律，这是非常不容易兼顾的。杨景平（2005：40-43）运用聚类分析法、主成分分析法，选取 8 个指标数据，对我国西部地区 12 个省（自治区、直辖市）进行了区划；俞诗秋等（2000：116-119）认为，只有充分考虑代表教育发展水平和社会经济发展水平的各项主要指标，在此基础上进行模糊聚类才能较好地进行教育区划，并运用模糊聚类的方法对全国四类教育区域进行了科学分类。

对关于教育区划的研究成果进行分析发现，教育区划的方法略显宏观和粗放，一种主要的区划方法就是把全国的教育区域笼统地划分为东部、中部和西部。这样的划分结果忽略了同一个地区的教育之间，甚至同一个城市的教育之间，都可能存在较大差异；另一种区划方法就是简单地依据各地经济发展水平的差异来进行教育区划。当然，教育的发展主要依赖于所在地的经济发展条件，但是，也存在经济发达地区因不重视教育而导致教育发展水平不高的情况，因而教育区划还应考虑各地的实际教育发展水平；还有一种极其常见的教育区划方法就是套用行政区划来划分教育区域，这种区划方法着重考虑教育行政管理的现行模式和可操作性，在实施中便于行政管理与调控，但是，这种区划方法往往不能凸显教育发展的区域分异，不利于教育的分类指导、分类管理和分类发展。

以"教育区划"的研究成果为借鉴，在构建云南职业教育区划时，应该兼顾各方，既要考虑教育行政管理的可操作性，又要考虑区划能够表现出各教育区域的分异；既要考虑各区域的经济社会发展基础条件，又要考虑各区域的教育发展现状；既要考虑经济社会发展对区域教育发展的要求，又要考虑区域教育发展的潜力状况。

总的来说，目前对职业教育区划的研究还很欠缺，但已经产生一些关于教育区划的研究成果，这些研究成果对教育区划的原则和方法进行了探讨，形成了相对科学合理的教育区划方法。这些区划方法不仅考虑到了区域经济发展水平对教育发展的基础性影响，也考虑到了教育发展的现实水平，由此得出的区划方案是具有科学性的。但是，其所依据的理论基础多以教育理论为主，教育活动与区域的自然地理环境和人文地理环境的不适应性，以及与区域的发展定位和未来发展方向结合得不紧密，可能导致区划方案的可操作性不强等问题。特别是结合当前主体功能区建设这个大背景来探讨教育区划以及职业教育区划的研究还未受到重视。

从以上研究现状来看，关于主体功能区规划的实践研究尚欠缺，不能很好地指导主体功能区的建设。在《云南省主体功能区规划》大背景下研究教育发展，把主体功能区建设和教育发展结合在一起的研究不多，把主体功能区建设和职业教育发展相结合的研究基本空白，是需要加强研究的一个领域。

鉴于以上对相关研究状况的整理和分析，本书主要以云南省人民政府于2014年印发的《云南省人民政府关于印发云南省主体功能区规划的通知》《云南省主体功能区规划》文件为基础，来研究云南职业教育区划。

第三节　云南职业教育区划研究的思路与方法

一、研究思路

本书主要以《云南省主体功能区规划》为指针，以空间结构理论、人地关系理论、可持续发展理论、人力资本理论、职业教育与区域经济关系理论为基础，梳理云南职业教育区划的客观基础，制定云南职业教育区划的原则、方法和指标体系，分析云南职业教育区划的要素，构建适应于云南省主体功能区建设的云南职业教育区划方案和分区发展思路，以促进国家主体功能区和云南省主体功能区建设为主旨，力求通过对云南职业教育区划的构建，形成云南职业教育与区域经济发展之间的良性互动，助推云南省经济社会的发展。

首先，对云南职业教育区划的客观基础进行梳理和分析，包括《全国主体功能区规划》中的云南定位、云南的地理环境特征、《云南省主体功能区规划》的要求、云南职业教育发展的现状四个客观基础。

其次，借鉴国外的区域规划理论和职业教育发展的规律，运用专家咨询法、主成分分析和GIS空间分析等方法，建构以社会经济发展水平、职业教育发展水平为一级指标，以经济发展水平、社会经济结构、职业教育规模、职业教育办学条件为二级指标，以人均GDP、人口数、城市化率等10项为三级指标组成的分类评价指标体系。

最后，依据云南省经济社会发展数据和职业教育发展数据，对云南职业教育区划的要素进行分析，以州市为基本单元，运用模糊综合评价方法，把云南省划分为职业教育的Ⅰ、Ⅱ、Ⅲ、Ⅳ类共四个发展区域，并分别对四类区域职业教育发展的现状和问题进行剖析，提出针对四类区域的职业教育发展思路。

二、研究方法

（一）文献研究法

通过专著、期刊、网络等途径研读人文地理学、职业教育学学术文献，特别是有关主体功能区发展、职业教育结构优化等方面的著作和论文，并对所研读的文献进行梳理，对分析现状、制定区划所需的大量数据进行收集整理，形成对主体功能区、职业教育、地理区划等理论及实践问题的总体认识，为本书研究的开展打下坚实基础。

（二）定量分析与定性分析相结合的方法

通过查阅《云南年鉴》《云南经济统计年鉴》《云南教育事业统计摘要》《中国教育统计年鉴》《云南招生》等文献，搜集大量翔实的相关数据，对所搜集的数据进行整理和定量分析，同时进行定性分析，以便更加深入和全面地了解云南省的经济社会发展状况和职业教育发展现状，发现其中存在的问题，为云南职业教育区划的建立奠定基础。

（三）专家咨询法

通过对职业教育相关领域的专家进行多次访谈和问卷调查，确定云南职业教育区划的分类评价指标体系，以及通过对专家的问卷调查，进一步确定各项指标的权重。

（四）比较研究法

通过对不同区域职业教育发展的比较分析，提炼出先进经验，为云南职业教育的区划和分区发展提供借鉴。

（五）调查法

通过对教育主管部门、政府部门、相关专家等进行访谈和问卷调查，以及进行实地考察等途径，实现对云南省主体功能区和云南职业教育的现状及发展趋势的深入了解。

（六）数理统计法

运用 SPSS16.0 统计软件，以及 GIS 空间分析技术，对本书的调查数据进行描述性统计分析和地理表达。

（七）模糊综合评价法

将所要评价的云南省各州市职业教育视为由多种因素组成的模糊集合。根据各个因素在评价指标中的权重分配，通过计算评价的定量解值等严格的定量分析，以及对难以定量分析的模糊现象进行主观上的定性分析，把定量分析与定性分析相结合，对云南省各州市的职业教育做出综合评价。

第四节　云南职业教育区划的相关概念界定与理论基础

概念是人类表达自己所创造的理论或思想的基本工具，是构成理论的基本要素；理论基础是人类认识事物和解决问题的重要依据。本节对研究职业教育区划所涉及的区域、功能区、主体功能区、职业教育、区划、教育区划等相关概念，对空间结构理论、人地关系理论、可持续发展理论等理论基础进行梳理，并对本书的相关概念进行界定。

一、概念界定

（一）区域

区域是地理学研究的基本单位。在人文地理学中，区域的构成要素既包括自然地理要素，也包括人文地理要素。它表达了两大类要素之间的相互影响、相互作用及分布、运动（陈慧琳，2007：268）。地表的地貌、气候、地表水、生物等构成了人类的自然区域，而人类的政治集团、经济体、语言、文化、宗教、民族、教育等社会现象构成了人类的人文区域。

在教育学领域，彭世华认为，区域是指一个与国民教育相对应的教育发展的较小空间概念，一个便于从整体上组织、计划、协调和控制教育活动的空间范围，它在内涵上重在考虑教育发展的特殊性和差异性、行政区域的调控能力以及区位的影响（彭世华，2003：3）。本书的主要研究对象就是教育区域，区域的概念沿用彭世华的概念。

（二）功能区

功能区是功能区域的简称，指承担某种特殊功能的地域或区块单元，是将特定区域确定为特定功能定位类型的一种空间单元（郝寿义和安虎森，1999：32）。功能区根据不同的空间尺度可以划分为不同的类型。在国土空间结构上，功能区一般可以划分为农业区、生态区等；依据区域具体用途，功能区又可分为工业区、农业区、商业区、居住区等。

功能区的形成虽然有其内在的客观规律，但对各类功能区的界定却是人们在认识和把握其内在的客观规律的基础上，为了解决经济社会发展中某些领域出现的问题而按照某一角度进行划分的结果（张景山，2009：4-6）。可以说，功能区并非客观存在的，而是人类的一种主观认识与判定。而划分不同的功能区也不代表某一区域只具有某种功能，区域的功能往往是多样的、综合的。

（三）主体功能区

主体功能区是根据区域发展基础、现有开发密度、资源环境承载能力、发展潜力，统筹考虑不同层次区域中的人口分布、经济布局、国土利用和城镇化格局在宏观环境中的战略地位，按区域分工和协调发展的原则划定的具有某种特定主体功能定位的空间单元（陈潇潇和朱传耿，2006：21-22）。

与非主体功能不同的是，主体功能是在某一地域多种功能并存的情况下，经过功能重要性排序后确定的首位功能，突出区域的主要功能和主导作用，强调自身功能最重要的一面，是在超越一般功能和特殊功能基础之上的功能定位，主体功能不排斥一般功能、特殊功能、辅助功能或附属功能的存在和发挥（高国力，2008：4）。

主体功能区可以从不同空间尺度进行划分，从开发内容上可以分为以提供工业品和服务产品为主体功能的城市化地区，以提供农产品为主体功能的农业地区，以提供生态产品为主体功能的生态地区；从开发方式上可以分为优化开发区域、重点开发区域、限制开发区域和禁止开发区域四类。

《全国主体功能区规划》明确指出，优化开发区域是经济比较发达、人口比较密集、开发强度较大、资源环境问题更加突出，从而应该优化进行工业化、城镇化开发的城市化地区（人民出版社，2015：15-16）。

重点开发区域是有一定经济基础、资源环境承载能力较强、发展潜力较大、集聚人口和经济的条件较好，从而应该重点进行工业化、城镇化开发的城市化地区。优化开发区域和重点开发区域都属于城市化地区，开发内容总体上相同，但开发强度和开发方式不同（人民出版社，2015：15-16）。

限制开发区域分为两类：一类是农产品主产区，即耕地较多、农业发展条件较好，尽管也适宜工业化、城镇化开发，但从保障国家农产品安全以及中华民族永续发展的需要出发，必须把提高农业综合生产能力作为发展的首要任务，从而应该限制进行大规模高强度工业化、城镇化开发的地区；另一类是重点生态功能区，即生态系统脆弱或生态功能重要，资源环境承载能力较低，不具备大规模高强度工业化、城镇化开发的条件，必须把提高生态产品生产能力作为首要任务，从而应该限制大规模高强度工业化、城镇化开发的地区（人民出版社，2015：15-16）。

禁止开发区域是依法设立的各级各类自然文化资源保护区域，以及其他禁止进行工业化、城镇化开发、需要特殊保护的重点生态功能区。国家层面的禁止开发区域包括国家级自然保护区、世界文化自然遗产、国家级风景名胜区、国家森林公园和国家地质公园。省级层面的禁止开发区域包括省级及以下各级各类自然文化资源保护区域、重要水源地以及其他省级人民政府根据需要确定的禁止开发区域（人民出版社，2015：15-16）。

优化开发区域和重点开发区域将转变经济增长方式，成为经济、人口的主要集聚区和具有提供生态产品和农产品功能的城镇化空间，主要承担承载人口、发展经济的任务；限制开发区域和禁止开发区域主要承担保障生态安全的任务，将成为我国生态资本的主要富集区，以提供农产品和生态产品为主体功能，同时具有发展其他适宜经济功能的农业空间和生态空间。

地域功能是指一定地域（R_i）在更大的地域范围（ΣR）内，在自然资源和生态环境系统中、在人类生产活动和生活活动中所履行的职能和发挥的作用（樊杰，2007：6）。承载一定功能的地域，被称为主体功能区。主体功能区作为一种地域类型，具有以下几个基本属性。

1）主观性。主体功能区是一种人为主观划定的地域，由于对自然环境和人文环境系统认知的不同，以及对该地域的目标追求和价值取向不同，因而会产生不同的功能表达和功能区划。

2）功能多样性。一个地域的功能受到地域自身的自然环境和人文环境的多重影响，在其功能形成的过程中，内在的影响因素和影响机制也是复杂的。在不同的系统中，功能区的功能可能是多样的，例如，某一功能区在经济发展中承担加快工业化的功能，在人口迁移中承担加快人口聚集的功能，而在教育发展中承担为产业结构调整储备人才的功能，该区域呈现出功能多样化的趋势。

3）层级性。功能区的功能有层级性。随着背景地域范围（$\sum R$）的变化，特定地域（R_i）的功能会有所变化。例如，省域内的重点开发城市，未必是国家层面的重点开发城市。功能区的功能在不同层次的空间尺度内的表达可能是不同的。

4）相互作用性。各功能区之间是相互影响、相互作用的。某一重点生态功能区在生态系统中保护和修复功能实现的程度，可能会影响其他重点开发区域的人口聚集程度。

主体功能区规划不同于我国比较常见的行政区划、自然区划和经济区划。行政区划是指按照省、市、县、乡镇等不同层级政府管辖行政区域进行的空间单元划分；自然区划是指依托地形、地貌、降水、植被、流域等自然要素进行的空间单元划分；经济区划是指依据产业、人口、城镇、交通等经济要素进行的空间单元划分。主体功能区规划要根据资源环境承载能力、现有开发密度和发展潜力，统筹考虑未来我国人口分布、经济布局、国土利用和城镇化格局，将国土空间划分为不同类型的空间单元。可以说，主体功能区规划是建立在特定区域的行政区划、自然区划和经济区划的基础之上，对一定区域的发展进行综合考量所做出的规划，兼顾该区域的自然环境和人文环境，是对该区域的自然、经济、社会、文化发展的综合性规划。因此，主体功能区规划的方案往往不同于行政区划、自然区划和经济区划。

（四）职业教育

什么是职业教育？《教育学名词：2013》将其界定为，以技术工人为主要培养目标，传授某种技能性职业或生产劳动所需要的知识、技能和工作态度等的教育（教育学名词审定委员会，2013：183-184）。

职业教育具有与其他教育类型所不同的特性。所谓特性，是指事物所具有的特质，即一种事物区别于其他事物的本质属性。职业教育的特性，就是指职业教育作为一种培养人的社会活动区别于其他类型的教育和其他社会活动的根本特征，也就是职业教育本身所固有的、比较稳定的本质属性。那么，什么是职业教育的特性呢？

1）职业性。职业教育首先具有职业性，即职业教育是为适应职业而进行的教育，是为了使受教育者掌握专门的实用知识和技能、技术，成为适应社会各类职业需要的应用型人才。职业教育的职业性体现在人才培养目标上，就是要培养生产、建设、管理、服务一线的应用型人才，是定向于特定职业和职业群的教育，直接针对工作岗位培养的人才。

2）适应性。同普通教育相比，职业教育的根本任务是适应社会需要，培养应用型、操作型、技能型人才，职业教育与整个社会的联系更紧密、更具体，对整个社会的服务更直接（李强，2010：33）。可以说，职业教育是为了适应特定区域经济发展、特定职业的需要而开发和实施的。职业教育必须适应社会需要而不断变化，必须扎根于社会的各职业领域。具体要求表现在：职业教育的发展速度与规模要适应社会经济发展，根据社会需求规划学校布局、设置专业规模；在人才培养目标及定位上，要根据社会行业的需求，培养各层面、各行业、各规格的技能型人才；在教学过程中，课程设置、基地建设及教学改革等方面要适应未来现代化生产的需要，不仅使学习者具有较成熟的专业知识和专业技能，而且使其具备适应现代化生产岗位的各种职业素质。更重要的是，在经济与社会发展过程中，产业结构的调整和生产技术的更新换代会导致职业种类的变更或职业规模的改变，职业教育能够自主地适应经济与社会发展过程中的职业波动，最强的适应性表现在职业教育的适应性改变超前于由于产业结构的改变和生产技术的更新换代而引发的职业对人才的需求状况的改变（南海，2012：21）。

3）市场性。职业教育是教育体系的一部分，这决定了职业教育必须按照教育规律办学；职业教育又是职业性的教育，要满足市场对人才的需求，要按照市场规律办学。职业教育的培养目标、办学定位、课程设计、专业设置、教学过程，目的和宗旨都是为就业服务，与其他教育形式相比，职业教育的市场性更为明确和具体。

（五）区划

区划是区域规划的简称。区域规划在国外多被称为空间规划。目前，国内外的地理学或区域经济学领域并没有对这两个概念进行严格的区分，即区域规划等同于空间规划（孙鹏等，2014：8）。例如，樊杰（2007：13）认为，一切需要布局的规划，如国土规划、区域规划、地域规划等，都属于空间规划。空间规划强调的是空间的布局、空间的选点（国家行政学院进修部，2013：109）。

本书选用学者韩晶对区域规划的定义，即区域规划是在综合评价区域自然条件和社会经济条件、对区域范围内的社会经济系统进行历史和现状分析诊断的基础上，对该区域的经济建设和社会发展所进行的总体部署。区域规划区别于其他计划工作的最重要特点就是在区域运动发展的时空关系上，在更侧重、更强调时空关系的协调性、有序性和相互对接的基础上，发挥其空间部署的特长。事实上，所谓区域规划就是在一定的地理空间范围内对经济要素进行布局的制度性安排（韩晶，2011：4）。

（六）教育区划

以此类推，教育区划就是在特定区域的地理空间范围内对教育要素进行布局的制度性安排。教育区划包括三方面的含义：一是按照既定的原则和指标，识别客观存在的区域，划分它们的空间界线，并对各区域的社会经济和教育发展的条件、现状进行分析，找出其发展教育的优势和存在的问题；二是按照既定的原则和标准，对教育活动进行必要划分；三是根据区域的划分以及国民教育发展的总体要求，对教育发展进行区域间的战略布局规划（彭世华，2003：34）。

根据以上对基本概念的梳理，本书对所涉及的三个核心概念，即云南省主体功能区规划、云南职业教育和云南职业教育区划做出如下界定：云南省主体功能区规划是对云南省各区域进行主体功能区类型的划分，规划方案以云南省人民政府于 2014 年印发的《云南省主体功能区规划》为准。云南职业教育主要以云南省全省范围内各州市的职业学校为主体，办学层次由现有的高等职业教育、中等职业教育和初等职业教育组成，办学形式以学校教育中的普通职业教育为主。云南职业教育区划是指在云南省这个特定区域内，主要以州市为单元，对各区域的社会经济和职业教育发展状况进行分析，确定其发展优势和存在问题，按照既定的原则和指标体系，对职业教育各要素进行制度性安排，划分出不同类型的发展区域。

二、理论基础

（一）空间结构理论

空间结构研究始于20世纪30—40年代的德国，自20世纪50年代起，该研究在美国、瑞典、德国得到了进一步发展；20世纪60年代以来，非线性系统动力学、耗散结构论、协同论、混沌理论、分形理论以及最新发展的人工生命和复杂适应系统理论等现代科学发展的最前沿理论融汇成的复杂性科学为空间结构研究提供了有力的工具（史平平，2007：98）。空间结构反映了一定地域范围内自然要素和经济要素在空间上的分布形态及演变规律，通常指以资源和人群活动场所为载荷的、以产业区位为中心问题的空间分异与组织关系（秦耀辰，1994：37-39）。人文地理学中的空间结构指区域内社会经济各组成部分的相互作用及组合类型的位置关系，以及反映这种关系的空间集聚规模和集聚程度（陈修颖，2007：35）。

空间结构理论是在古典区位理论基础上发展起来的总体的、动态的区位理论，主要阐述了区域各种要素的空间组织模式及其空间运行规律和机制，其研究内容涉及农业与土地利用，最佳的企业规模、居民点规模与城市规模，工业、服务业和基础设施的区位选择，运输网的布局，信息的区际流动等（陆大道，1987：4-6）。自然资源、空间距离、人力资源、资本、技术和制度变迁等是影响空间结构形成的主要因素，而区域空间结构形态有两种类型：核心—外围结构和韦伯结构。核心—外围结构类型是对空间组成的全部要素综合考察而得到的基于区域经济、社会发展总水平所形成的空间结构图景；而韦伯结构类型是点与点相互连接所形成的结构，它是将点作为基质，而不是把面作为基质（吕芳，2008：6-11）。

最具影响力和代表性的空间结构理论主要包括中心地理论、梯度推移理论、增长极理论等，这些理论都强调在经济规律的作用下区域发展结构和水平的不均衡性，以及区域间的相互影响，从而揭示不同区域的发展条件及结果的差异性（田明和樊杰，2003：82-83）。根据中心地理论，一定区域内以城市为中心的经济区域可能是多层次的，可以进行行政和经济区划，确定各级行政中心和经济区域的数量和范围，划定经济行政区界线，并进行区域规划，以确定城镇体系布局（葛本中，1989：86-87）；梯度推移理论比较科学地揭示了生产力由高梯度区向低梯度区转移的规律（曹洪华等，2008：53-54），主张发达地区应率先加快发展，然后通过产业和要素向较发达地区和欠发达地区转移来带动整个经济的发展（王育宝和李国平，2006：26-27）；而增长极理论认为高强度的增长首先出现在增长极或增长点，而不是同时出现在任何地方，区域经济的发展主要靠条件较好的少数地区和少数产业来带动（肖莹等，2006：4-5），增长极理论适宜指导局部区域的产业布局和发展（刘芬等，2007：130-131）。按照增长极理论的思想，在资源不足的条件下，应通过政府的作用来集中资金，培养区域增长极，并通过极化效应和扩散效应，以带动周边地区和其他产业的发展（朱金鹤和崔登峰，2013：41）。

区域经济格局处于不断的演变之中，任何一个区域或国家在不同的发展阶段具有不同的空间结构，完善和协调与区域自然基础相适应的空间结构对区域经济社会的发展具有重要意义（周彬学，2009：23-30）。空间结构理论在解释区域发展的不均衡以及生产要素的集聚和扩散方面发挥了重要作用，在实践中可用来识别特定区域的空间组织形式，指导国土开发和区域经济布局，也为主体功能区规划提供了空间组织理论支撑（朱金鹤和崔登峰，2013：41）。

（二）人地关系理论

人地关系泛指人类活动与地理环境的关系。人地关系理论是人类社会发展过程中对客观的人地关系认识的反映，是对地理学特别是近代地理学思想理论的高度概括，具有地理哲学的意义，是人文地理学的基本理论之一。人地关系理论中的"人"是指在地球表面一定区域空间、一定社会形态下，在一定时间内有意识地从事着各种社会活动的人；"地"是指与人类活动密切相关的存在地域分异的地理环境，包括自然地理环境和社会经济环境（杜国明，2004：110）。

人地关系理论认为，系统是以一定秩序相联系的一组事物，人地关系是包括两个各不相同但又相互联系的变量的一种系统。在这个系统中，所谓"地"是指由自然和人文要素按照规律相互交织、紧密结合而构成的地理环境整体;"人"具有认识、利用、改变、保护自然环境和认识、改变、控制自身的能力,兼有生物属性和社会属性(吴传钧,2008:1)。

人地系统是由地理环境和人类社会两个子系统交错构成的复杂的、开放的巨系统,内部具有一定的结构和功能机制。具体来说,人地关系地域系统是以地球表层一定地域为基础的人地关系系统,也就是人与地在特定的地域中相互联系、相互作用而形成的一种动态结构。研究人地关系系统的中心目标是协调人地关系,重点研究人地关系地域系统的优化。地理环境是一个开放系统,为人类提供了特定的生存空间,是人类生活、社会生存和发展的自然基础。只有当人类的活动能促进人地系统的和谐、完整和可持续时,人类的活动才是正确的(陈慧琳,2007:18)。

人地协调关系落实到地区综合发展上,任何区域开发、区域规划和区域管理必须以改善区域人地相互作用结构、开发人地相互作用潜力和加快人地相互作用在地域系统中的良性循环为目标,为有效进行区域开发、区域规划和区域管理提供理论依据(吴传钧,2008:2-3)。

（三）可持续发展理论

可持续发展是指建立在社会、经济、人口、文化、资源、环境相互协调和共同发展的基础上的一种发展,其宗旨是既能相对满足当代人的需求,又不能对后代人的发展构成危害。

可持续发展理论是一个复杂的理论体系,是一个不断发展的理论体系。从人地关系的角度来说,可概括为可持续发展的自然观、经济观和伦理观。可持续发展的自然观,就是依据唯物辩证法的基本原理,正确认识人与自然的关系。该理论肯定人类对自然界的依赖,指出人类是自然环境的有机组成部分;连接人类社会与自然环境的纽带是实践,因此,人类必须科学地认识自然并按照自然规律改造自然。可持续发展的经济观,就是要正确处理经济增长与生态环境、社会发展的关系,做到三者的动态平衡和协调发展。可持续发展的终极目标是要满足人类不断增长的物质和文化需要。可持续发展的伦理观强调的是代际、当代人之间、人与其他生物种群之间、不同国家和不同地区之间的公平(杜国明,2004:112)。

可持续发展理论从全球的视角，用动态的观点、公平的原则阐释了人地关系问题，并明确指出了人类在人地矛盾中应该采取的态度，是一种科学的世界观和方法论（杜国明，2004：112）。

可持续发展理论在时间上体现了当前利益和未来利益的统一，在空间上体现了整体利益和局部利益的统一，在文化上体现了工具理性和价值理性的统一（李文娟，2009：12-19）。在现阶段，可持续发展理论在我国的发展和完善主要体现为科学发展观。科学发展观要求我们：坚持以人为本，树立全面、协调、可持续的发展观，促进经济社会和人的全面发展。

（四）人力资本理论

美国著名经济学家舒尔茨认为，所谓人力资本，是与物力资本相对应的概念，指的是凝聚在劳动者身上的知识、技能及其所表现出来的能力。这种能力是经济增长的主要因素，是具有经济价值的一种资本。在一个国家的经济增长与发展过程中，以人的知识、技能、健康等为主要内容的人力资本存量的增加对经济增长与发展的贡献，要比物质资本和劳动力数量的增加重要得多。舒尔茨认为，当代经济的增长、国家财富的构成，主要是人力资本带来的结果（转引自：范先佐，1999：102）。

人力资本对于经济增长和发展的决定性作用主要表现在，像物质资本一样，人力资本也是技术进步的载体，并且是更具能动性的载体。众所周知，在当代科学技术革命的条件下，经济增长的根本动力源于技术创新与进步，在技术水平不变的条件下，实现经济增长只能靠增加投入，这时即使有高增长率也不意味着经济发展水平和效益的提高，甚至可能相反。当发生技术进步时，同量的投入能够带来更多的产出，从而经济能力与效率将同步改善。而人力资本既是技术进步的发动者，又是新技术的载体与传媒，它的作用将会导致生产过程中物的因素与人的因素的效率全面改善。因此，人力资本便成为推动经济增长与发展的决定性因素（转引自：范先佐，1999：104）。

人力资本理论的提出进一步深化了人们对自身生产潜力与经济能力的认识。首先，其将人力归结为人力资本，明确揭示了人力资源的内在质量对财富生产与经济发展的决定性作用。众所周知，资本的高效率并非源于其外延量，而是源于其高技术的内涵。同样，人作为劳动者，作为一种资本，其有效的生产能力也主要并不取决于人口或劳动力数量，而是取决于人口或劳动力的内在质量。人的素质越高，内在资本含量越高，其生产潜力与能量也越大，即使是较少的人口数量，也能形成丰裕的人力资源供给。反之，若人口素质低下，内在资本含量较低，即使是庞大的人口数量也可能导致人力资源有效供给的短缺。其次，人力资本的概念还展示了人力资源的内蕴能量在动态上发展与增生的可能性。既然人的生产能力并非主要来源于先天遗传，而是后天经由社会经济生产过程投入资源加以培养和塑造的结果，那么人的生产能力的开发与发展在动态上便是无止境的。只要形成适当的经济机制和教育机制，人的发展与经济发展在长期中将会出现一种良性的互动关系（转引自：范先佐，1999：110）。

按照西方教育经济学的观点，教育是人力资本形成和发展的最主要途径。舒尔茨认为应把教育视作对人的投资，并把教育的成果作为资本的一种形式。教育在一国人力资本形成和发展中的作用，主要是通过帮助人们树立正确的道德价值观念、提高人的智力素质和身心健康素质而实现的。

（五）职业教育与区域经济关系理论

基于职业教育的特性，职业教育与区域经济发展有着本质的、紧密的、直接的联系。它从劳动力生产与再生产的角度出发，是把科学技术转化为现实生产力的桥梁和纽带，是推动社会生产力发展的强大动力。职业教育与区域经济发展之间呈现出一种相互联系、相互促进的互动关系（王清连等，2008：85）。

在阐述区域经济与职业教育之间的互动关系时，职业教育被誉为区域经济、社会、技术发展的重要推动力量，这句话的含义就是：一方面，职业教育要以区域经济社会发展为物质基础，要适应区域经济发展水平；另一方面，职业教育对区域经济发展具有能动的促进作用，是区域产业结构升级、技术创新、劳动者素质提高的主要依托（王清连等，2008：236）。

系统论指出，系统的功能一方面取决于系统内部的结构和联系，所谓系统的结构，是指构成系统的元素的性质、数量、比例、空间排列及时序组合形成的层次；另一方面，系统要受环境的影响和制约。如果把职业教育视为一个系统，那么，职业教育的功能究竟能发挥到何种程度，一是取决于职业教育本身的结构，包括职业教育的空间布局结构、层次结构、专业结构、形式结构等；二是取决于区域环境的影响和制约。

任何系统都存在于一定的环境中，不能脱离环境而独立存在。职业教育系统也是这样，不能脱离自然、政治、经济、科学技术、文化等环境的因素而独立存在。它同这些因素之间有着物质、信息和能量的交换，不断从环境中得到人、财、物的支持，又不断地为社会提供专业技能人才、科技成果和直接服务。

从人文地理学的角度来看，职业教育与自然环境（主要表现为地理环境）之间的关系即人地关系。人地关系在教育系统中的表现主要在于教育的空间分布。从地理环境对教育系统的影响来说，地理环境决定了教育的地域分布不平衡，这在我国高等教育的空间分布中表现得非常突出，我国的高等教育集中分布在东部和中部，西部的高等教育资源分布最少。地理环境是人类生活的客观外界条件，人类一般都生活在地理环境优越、易于开发的区域，而作为人类社会传承与创造科学文化知识和技能的社会活动——教育，也往往集中分布在地理环境优越、易于开发的地区。

教育的人文地理环境，即社会的政治、经济、文化、科技的发展必然引起职业教育系统结构的变化。首先，职业教育系统的良性运行依赖于与经济系统的协同发展（赵文华，2001：66）。就职业教育的区域发展特征而言，区域经济实力越雄厚，办学能力就越强，市场需求就越旺盛，职业教育发展的基础就越好。经济环境对职业教育系统的影响更重要地体现在一定社会的经济结构（特别是产业结构）对职业教育系统结构的影响上，这种影响主要是以就业结构为中介投射到职业教育结构之上的（赵文华，2001：66）。其次，政治环境是影响职业教育系统的重要因素。政治影响着职业教育系统的目的，通过教育政策这个更为直接的因素，根据自己的政治目标，运用合法的权力和影响来制定教育发展规划。教育政策在政治系统允许的范围内发挥积极的作用，使教育系统的运行具有明确的目的性，体现出国家意志。最后，文化环境也会对职业教育产生影响。文化环境中的精神文化会对职业教育产生主导作用，即以知识、智能、价值观念和行为规范等形式表现出来的一种文化形态，成为维系教育系统存在和推动系统演化的环境。在科技环境方面，科技进步推动着区域产业结构的演进，不同区域具有自身的优势产业领域，并在层次和种类上表现出差异，科学技术水平的差异以及产业结构的差异，导致职业学校在数量、层次、科类上的差异。总之，职业教育系统必须适应外界环境的变化，否则就不能继续存在和发展。迅速而灵活地适应环境的变化，是职业教育系统持续不断发展的必要条件。

职业教育对区域经济发展具有积极的能动作用，这在现代区域经济发展中表现得十分突出。最突出的例子就是德国"双元制"职业教育对第二次世界大战后德国经济的崛起所发挥的第一推动力的作用。世界经济发展史上出现的美国赶超英国、日本直逼美国，以及亚洲"四小龙"追赶西欧国家的现象，其深层次的原因都包括职业教育的快速发展为其现代生产提供了高素质的劳动力。

职业教育对区域经济的发展具有能动作用的观点是建立在人力资本理论和新增长理论的基础之上的。人力资本理论认为，教育可以通过提高劳动生产率，进而促进经济的增长。20世纪80年代以来，美国经济学家罗默等提出了新增长理论，将知识和技术看作经济增长的内生变量，并且认为通过教育和培训获得特殊知识和专业化的人力资本是经济增长的主要因素。它们不仅可以使自身获得收益，而且还能够促进其他要素收益的增长，从而保证了长期的经济增长。罗默等的经济增长模型说明，拥有大量人力资本的区域会取得较快的经济增长速度，人力资本水平低下是欠发达地区区域经济增长速度较慢的重要原因。具体而言，职业教育对区域经济发展的能动作用主要体现在以下四个方面（王清连等，2008：236-238）。

1）为区域经济发展提供人才支撑。与其他教育形式相比，职业教育具有鲜明的区域性，职业教育的主要任务就是为地方经济和社会发展培养大批应用型人才。这些人才是生产分工中的要素，在生产过程中起着纽带作用，是现代生产的基础和灵魂。

2）加快农村劳动力转移，推进区域城镇化建设。在区域产业结构调整中，大量的农村人口面临着转向为该地的第二、第三产业服务的现实；在主体功能区的建设中，一部分禁止开发区域和限制开发区域的人口也需要被迁移到优化开发区域和重点开发区域，但他们没有受过相应的教育，缺少实用技能，不能适应城镇化建设的发展需要。只有通过职业教育使他们转化为适应产业结构调整的应用型人才，才有利于加快城镇化建设和主体功能区建设。

3）为企业开展继续教育提供培训场所，为区域经济的可持续发展提供人力资源保障。随着传统的劳动密集型产业的转型和高附加值技术密集型产业的兴起，许多只有初、中级技术水平的下岗职工的再就业将通过职业培训来实现；同时，企业内高新技术和先进设备的引进，需要进一步提高企业在岗人员的素质，让他们接受继续教育，进行岗位培训和知识更新（王清连等，2008：185），从而实现企业和区域经济的可持续发展。

4）为技术创新提供基地。职业教育基地，特别是高等职业教育基地，具有一批科学技术人才和较为先进的实验设备，是一个能参与技术创新、技术交流、技术转化和技术贸易的基地。高职院校一方面可以通过技术成果转化来推动区域经济的发展；另一方面还可以根据区域经济发展的技术需要来调整自己的科技方向和科研计划。同时，高职院校还可以利用人才和信息优势，进行产学研合作，对企业生产经营中遇到的实际问题进行研究和开发，推动企业的发展，增强区域经济发展的活力（王清连等，2008：150）。

职业教育对区域经济发展的能动作用表明，职业教育受教育与经济两大规律的制约，必须协调好其与区域经济发展的关系，找到适合教育规律和适应区域经济发展规律的发展平台，使其既满足区域经济发展的要求，又能充分发展职业教育自身。因此，职业教育要从市场经济需求出发，做到学校教育结构与国家及区域经济结构相统一，要体现出区域性、产业性、多样性和灵活性（王清连等，2008：237-238）。只有这样，职业教育与区域经济才能真正共生共荣。

从职业教育自身来说，职业教育要高效推动区域经济的发展，关键就是要使得职业教育的空间布局结构、层次结构、专业结构、形式结构与区域经济建设中的经济发展布局、技术结构、产业结构、区域环境相适应，培养出符合区域经济发展所需的人才，为区域经济社会的发展服务。

我国的职业教育具有明显的区域性特点。国务院颁发的《国务院关于大力发展职业技术教育的决定》（1991）明确规定：管理职业教育的主要责任在地方，关键在市、县。在各类职业学校中，除了少数中等专业学校由国家部委举办外，大多数的中专、技工学校、职业高中都是由省、市、县地方举办和管理的，为该地区的经济建设培养人才，为区域经济发展服务。由于地理、资源、历史、社会等诸方面存在差异，我国各地区经济的产业布局、技术构成、劳动需求也存在着显著的差异。因此，不同经济区域的职业教育，要与该区域的经济发展布局相适应。

人口分布也影响着职业教育的布局，职业教育必须与人口分布相适应，这也是职业教育的办学规律之一（王清连等，2008：210-211）。人口分布在外延上主要指人口在地域上的分布，在内涵上包含人口所在地区的相应经济条件和社会发展状况。人口分布是形成相应的教育分布结构的基础。教育以具体的地理空间为依据，形成教育的空间分布。人口的空间分布及其规模制约着教育的空间分布规模。教育的地域特征是教育分布的内在依据，因为教育活动是在具体的地域环境中展开并形成具体布局的。一般来说，人口分布较为密集的地区，教育空间分布就相对集中些；人口分布较稀少的地区，教育的空间分布就相对分散些。这一规律的具体表现为：人口较为集中的大、中城市，教育分布就较为集中；而人口较为分散的农牧区、山区，特别是边远地区，教育分布就相对分散。

从微观上看，教育空间分布体现了教育资源的配置状态；从宏观上看，其反映了地域社会经济发展状况。教育也正是以一定的社会人口为实体，以具体的地理空间为依托，呈现出相应的地域特征。地域环境是影响教育布局的重要因素，地域环境恶劣，交通不便，社会环境必然比较闭塞，相应地，教育资源在该地域的配置也会受到影响。地域社会经济发展水平也会影响教育的布局。一般来说，生产力较为发达，人口分布较为集中的地域和中心城市，其教育分布比较集中，教育的总体规模较大，层次也较高；生产力较为低下，人口分布较为稀疏的地域，特别是边远地区，其教育分布也必然比较稀疏，教育的总体规模较小，层次也较低。不同地域人口分布状况对教育的分布具有影响和制约作用（王清连等，2008：210）。职业教育布局的优化和调整不但要与经济发展布局相适应，还要与人口分布相适应。

世界各国职业教育的发展历史证明，一定的生产力发展水平决定着劳动技术结构，一定的劳动技术结构又决定着劳动力的层次结构，进而也决定着与之相适应的职业教育的层次结构。一方面，所谓技术结构，是指一个国家、一个地区在经济建设中所运用的不同层次生产操作技术的比重及其构成状况。它既是生产力水平的质量指标，也是社会的产业和产权结构的基础性、决定性因素。另一方面，职业教育层次结构的改善，必然会提高劳动力技术结构水平，要求劳动者能够掌握和运用先进的生产工具，促进社会经济的发展。

职业教育的层次结构，是指职业教育系统中不同程度和要求的教育水平及其受教育者的构成状态，是职业教育系统培养专门人才的纵向结构，反映了社会分工对专业技术人才层次、规格的要求。职业教育的层次，主要应以培养各级专业技术人才的专业知识与技能水平的规格来划分。按照文化基础与专业知识、技能相结合的原则，各层次的职业教育可以做出如下划分。

1）高等职业教育。高等职业教育是在完成高中教育的基础上实行的职业教育，招收高中毕业生或具有相当文化基础的实践工作者，进行以高级技术为主的教育。其培养目标是高等技术和管理人员。学制以 2～3 年专科为主，也可以是 4 年制本科。现有的职业技术学院等应划为此层次。

2）中等职业教育。中等职业教育是在完成初中教育的基础上实行的职业教育，招收初中毕业生或具有相当文化基础者进行中等层次的职业教育。其培养目标是中等技术和管理人员及中级技术工人等。学制为 3 年或 4 年。现有的中等专业学校、技术学校、职业高中应划分为此层次。

3）初等职业教育。初等职业教育是在完成小学教育的基础上实行的职业教育，招收小学毕业生或具有相当文化基础者进行初等层次的职业教育。我国现阶段在初中实行"初三分流"，其中接受职业教育的学生就属于这个层次。其培养目标是初等技术和管理人员及初级技术工人等。学制为 3～4 年。现有的职业初中学校属于此层次。

实践经验告诉我们，一个国家、一个地区职业教育的层次结构，即初等、中等、高等职业教育分别应该占多大比例，是由该地区经济发展中的技术结构客观需求决定的。

职业教育的层次结构不是一成不变的，它往往会随着生产力水平的提高、技术结构的高层次化而逐步变化。技术结构对职业教育的层次结构的影响体现在两个维度：一个是横向维度，即随着社会分工细化、岗位技术含量和复杂程度的提高而形成的职业教育层次；另一个是纵向维度，即由岗位从业人员的成熟度提高而形成的职业教育层次（王清连等，2008：91）。从横向维度来看，岗位技术的具体形态呈现出手工技术、半机械化技术、机械化技术、自动化技术、智能化技术的结构。如果从先进程度和技术含量的角度来区分，其则呈现出原始技术、初级技术、中等技术、高技术、尖端技术的结构。技术的先进程度和复杂程度越高，从业人员的初始职业化所涉及的知识基础就越深厚，技术含量就越高，需要的时间就越长，这就形成了从简单岗位到复杂岗位的职业教育层次。随着岗位复杂程度和技术含量的增加，其所需要的知识基础从经验性向科学性发展，个体完成初始职业化所需的职业教育层次会逐渐提高，时间会逐渐延长，形式也趋向于学校教育。从纵向维度来看，一个在岗人员从初始职业化开始，逐步成长为成熟的岗位人员、高级的岗位人员，同样需要不断地接受职业教育，而且职业教育的层次也需要不断提升。在这一维度中，岗位技术越复杂，对劳动对象改造的程度越深刻，劳动强度和效率越高，职业教育的层次需求也就越明显。例如，一个车工从初级工到中级工、高级工，不仅需要在岗人员不断地扩大操作技术范围和提高熟练程度，而且需要不断提升理论基础（王清连等，2008：86）。这一维度的职业教育往往表现出以理论的不断提高为主要特征，相对应地趋向于中、高等的学校职业教育。

职业教育的专业结构是指职业教育系统中不同专业领域及受教育者的构成状态，是职业教育培养人才的横向结构，反映了社会职业分工对人才种类的要求。职业教育的专业结构主要受制于国民经济的产业结构。产业结构是指一国生产力要素或经济资源在各个产业部门之间的分配状况及其关联方式，职业教育是将劳动力资源配置到不同产业中的重要手段，与这种社会化功能相适应，职业教育结构及其发展必然受到产业间的均衡关系和演变规律的制约。

专业是职业教育和社会经济的接口，是保证人才培养与经济发展相协调的首要环节（王清连等，2008：96）。回顾经济发展的历史可以发现，当机器大工业出现以后，工业、商业、交通等新的产业部门在经济结构中占有了一定的地位和比例，职业教育的专业也随之增多。不仅如此，在每一个产业部门中，社会分工越来越细，职业工种越来越多，职业学校的专业设置也相应增多。20世纪50年代以来，由于电子技术、原子能技术、空间技术的发展，新的产业、行业风起云涌。为适应科技快速发展对劳动者职业的变动、劳动的变换和知识更新的需要，近年来，世界职业教育的专业数变化更加迅速。与产业结构的升级和融合相适应，专业结构的发展出现了一些新的趋势：①与产业升级相对应，形成了一批与第三产业相关的新专业。一些生活、保健、服务等方面的新专业，如保健护理、家政与社区服务、金融证券、保险等专业不断出现。②与产业融合相对应，一些专业的形成和发展趋向细分化、复合化、综合化。一些新兴专业在纵深发展过程中，不断细分产生新的分支，如计算机相关专业分成了计算机及应用、多媒体计算机软件、计算机网络技术和计算机及外设维修等若干专业。而有些专业则趋向复合化、综合化，如机械与电工电子技术复合形成机电技术应用专业等。③一些专业的发展与产业的生命周期密切相关。有些传统产业，如冶金业、纺织业，由于经济结构的调整，大批人员失业，相关的专业趋向衰退。

职业教育能否为区域经济服务，体现在各类职业教育的专业设置上，即如果所设置的专业培养对路的人才，符合该地区产业发展的需要，培养的人才就会受到各界的欢迎和支持，推动该地区的经济发展；如果所设置的专业不符合该地区产业发展的需要，即便学校的办学质量再高，培养出来的人才也将无用武之地，造成人才过剩（王清连等，2008：96）。如何根据产业结构的演变趋势，科学合理地建构职业教育专业结构，至今仍然是一个具有现实意义的重要课题。

要使职业学校较好地为区域经济服务，专业结构的调整与优化必须从产业结构调整、发展的大局出发，考虑和研究区域范围内的专业结构问题。在专业结构问题上，既要考虑办学的超前性，又要考虑区域产业结构发展的特点；既要服从区域经济发展水平的要求，又要通过自身结构的优化，更好地服务于区域经济的发展（王明伦，2001：18）。

根据区域经济结构、产业结构、技术结构的特点，结合学校的优势，明确学校的发展重点，优化专业结构，在专业结构优化的过程中，要处理好社会需求的多样性和多变性与学校教育的稳定性、学校教育资源的可利用性之间的关系，从而使专业结构更符合区域经济发展要求，更符合技术发展的前沿水平（王明伦，2001）。以发展的观点来分析当地产业结构的变化趋势，根据它的变化来设置和调整职业教育专业，在培养人才的规格、内涵、功能上体现和满足社会需求（王清连等，2008：235）。

职业教育的形式结构主要指职业教育系统中按学习形式的不同而划分出的不同类型和样式结构。职业教育的形式结构主要包括普通职业教育和成人职业教育两大类，涵盖了职业学校教育和职业技术培训两部分内容。职业学校教育是一种正规的、长学制的、以人力规划为基础的、以学校为主要基地的学历教育，而职业技术培训则是一种紧密结合市场需求和区域产业特点，根据职业岗位和转岗的特定需要而传授相关的知识和技术，一般人们习惯称它为非学历教育。根据投资渠道和所有制的不同，又可以将职业教育划分为公办职业教育和民办职业教育。

总之，要发挥职业教育对区域经济社会发展的积极能动作用，就要使得职业教育的空间布局、层次结构、专业设置、形式构成与区域的经济发展布局、产业布局、技术结构、人口分布等自然地理环境及人文地理环境相适应，使得职业教育这种人类活动与地理环境相适应，构建良好的人地关系。

（六）区域规划理论

在第二次世界大战之后，欧洲出现了大量传统和经典的区域规划理论与实践。

本书主要借鉴了其中的一个理论——增长极理论。增长极概念是由法国经济学家弗朗索瓦·佩鲁于1955年首先提出来的，后经布代维尔加以拓展，把这一抽象的、与地域无关的概念转换到地理空间中，使增长极具有了空间特性，从而成为区域开发的重要理论依据之一。

增长极理论认为，区域发展由于资源所限以及经济效益的要求，区域经济的增长不会在一切地方出现，即经济发展并非均衡地发生在地理空间上，它以可变的强度出现在一些点或发展极上，通过某些主导部门或有创新能力的企业或行业在一些地区或大城市的集聚，形成一种资本与技术高度集中的规模经济效益，使集聚中心在自身迅速增长的同时能对邻近地区产生强大的辐射作用。这些点状分布的空间经济活动就是具有成长以及空间聚集意义的增长极（陈文晖和鲁静，2010：109）。

增长极会产生极化效应和扩散效应，影响和带动周边地区和其他产业发展。增长极主导产业的发展，具有相对利益，产生吸引力和向心力，使周围区域的劳动力、资金、技术等要素转移到核心地区，剥夺了周围区域的发展机会，使核心地区与周围区域的经济发展差距扩大。这种负效应被称为极化效应。由于核心地区的快速发展，产品、资本、技术、人才、信息的流动，对其他地区起促进、带动作用，增加了其他地区人口的就业机会，增加了农业产出，提高了周围地区的边际劳动生产率和消费水平，引发周围地区的技术进步。这种正效应被称为扩散效应。增长极的极化效应主要表现为资金、技术、人才等生产要素向极点聚集；扩散效应主要表现为生产要素向外围转移。在发展的初级阶段，极化效应是主要的，当增长极发展到一定程度后，极化效应减弱，扩散效应增强（李锦宏，2011：19）。

这一理论的核心在于集中发展经济效益最好的重点城市和区域，使其在短时期内取得最佳经济效果。同时形成所在区域的经济开发中心，即造成强有力的经济增长点和有意识地扩大区域态势差，并使增长极成为经济发展的原动力。增长极对区域经济发展的积极影响有两方面：一是极化中心本身的经济增长；二是极化中心对周围地区的影响。

增长极理论对区域开发和区域规划有着重要的指导意义。它强调集中开发、集中投资、重点建设、集聚发展、政府干预、注重扩散等，具有广泛的应用性。增长极理论既强调经济结构的优化，也强调经济地域空间结构的优化，以发展中心带动整个区域（李锦宏，2011：20）。

第二章
云南职业教育区划的客观基础

　　教育活动是特定地域内人类诸多活动中的一种，根据人地关系理论，教育活动与该地域内的诸多环境资源之间形成相互联系、相互作用的关系，这种关系就构成了一种人地关系。我们在研究该人地关系时，在研究如何使得这种人地关系和谐发展时，不得不分析该人地关系所赖以存在的基本地域，以及与之有关的次级地域、相关地域和背景地域特征。构建《云南省主体功能区规划》背景下的云南职业教育区划，两个关键的研究对象就是《云南省主体功能区规划》和云南职业教育区划，而在研究《云南省主体功能区规划》时，又必须涉及《云南省主体功能区规划》的背景地域——《全国主体功能区规划》；研究云南职业教育区划，也必须考虑云南职业教育赖以存在的背景地域——云南省的基本发展状况。因此，在制定云南职业教育区划之前，需要厘清四个客观基础：《全国主体功能区规划》中的云南定位、云南的地理环境特征、《云南省主体功能区规划》和云南职业教育的发展现状。本章对云南职业教育区划的四个客观基础进行了系统的梳理，并以此作为制定云南职业教育区划的重要依据。[①]

---

　　① 除特别标注外，本章中的资料均来源于：云南省人民政府门户网站. 云南概况. http://www.yn.gov.cn[2016-12-30]；云南省统计局，国家统计局云南调查总队. 2017. 云南统计年鉴 2017. 北京：中国统计出版社；云南省教育厅. 2017. 2016 年云南教育事业统计摘要；云南省人民政府. 云南省人民政府关于印发云南省主体功能区规划的通知. http://www.yn.gov.cn/yn_zwlanmu/yn_gggs/201405/t20140514_13978. html [2016-12-30].

第一节　客观基础 I :《全国主体功能区规划》中的云南定位

云南省位于我国的西南边疆，西部和西南部与缅甸毗邻，南部和东南部与老挝和越南接壤，边境线长达 4061 千米，是全国边境线较长的省份之一；云南省是诸多河流的发源地和上游区域，具备丰富的植物、动物、矿产资源，森林覆盖率为 60.3%。①云南省独特的区位和资源环境条件对于整个国家的生态建设、资源开发和边境安全都具有战略意义，这也决定了云南省在《全国主体功能区规划》中主要承担资源环境保护、生态环境安全维护、农产品生产等功能。

在《全国主体功能区规划》中，32 个省级行政区被划分为四种主体功能区类型，即优化开发区域、重点开发区域、限制开发区域和禁止开发区域（人民出版社，2015：15-16）。云南省被划分为三种主体功能区，即重点开发区域、限制开发区域和禁止开发区域。②具体划分方案如下：滇中地区为国家层面的重点开发区域，包括云南省中部以昆明市为中心，以曲靖市、玉溪市和楚雄市等节点城市为支撑的滇中城市圈。限制开发区域中，农产品主产区提及了云南的甘蔗产业带和天然橡胶产业带；重点生态功能区包括了云南喀斯特石漠化防治生态功能区和云南森林及生物多样性生态功能区。禁止开发区域涵盖了云南会泽黑颈鹤国家级自然保护区、云南哀牢山国家级自然保护区、云南高黎贡山国家级自然保护区等16 个国家自然保护区，云南丽江古城文化遗产和云南三江并流自然遗产、云南西双版纳国家森林公园、云南珠江源国家森林公园等 27 个国家森林公园。

从规划方案来看，除了小范围的国家级重点开发区域外，云南省大部分区域被划分为限制开发区域和禁止开发区域，功能定位主要分为三种：重点开发区域主要承担的功能包括支撑全国及全省经济增长，落实区域发展总体战略，促进区域协调发展，承接人口和经济集聚；农产品主产区主要承担农产品生产与主产区的建设，

---

① 云南省人民政府门户网站. 云南概况. http://www.yn.gov.cn[2016-12-30].
② 云南省人民政府. 云南省人民政府关于印发云南省主体功能区规划的通知. http://www.yn.gov.cn/yn_zwlanmu/yn_gggs/201405/t20140514_13978.html[2016-12-30].

积极支持其他农业区和其他优势农产品的发展①；重点生态功能区主要承担保障国家生态安全的重要任务；禁止开发区域主要承担保护自然、文化资源的职责。

在《全国主体功能区规划》中，云南省除了在一部分区域重点推动经济可持续发展，推进新型工业化和城镇化，提高自主创新能力，壮大区域综合实力之外，更重要的是推动农业特色化和规模化发展，保护和修复生态环境，提供生态产品。这是国家对云南省提出的发展要求，也是云南省对国家做出的贡献（潘玉君等，2011：前言）。

从全国范围来看，《全国主体功能区规划》在把环渤海地区、长江三角洲地区和珠江三角洲地区这三个原有经济社会发展基础较好的区域确定为优化发展区域的基础之上，即把所涉及的北京、天津、河北、辽宁、山东、上海、江苏、浙江、广东等 9 个省（直辖市）的部分区域划分为优化发展区域，其他的 23 个省（自治区、直辖市）都有和云南省类似的主体功能区划分，即把整个省域划分为重点发展区域、限制开发区域和禁止开发区域三种类型。

第二节　客观基础Ⅱ：云南的地理环境特征

一、云南的自然地理特征

云南省地处我国西南部，位于东经 97°31′～106°11′、北纬 21°8′～29°15′，总面积为 39.4 万平方千米。2016 年末，总人口为 4770.5 万人（云南省统计局，国家统计局云南调查总队，2017）。云南省共有 16 个地级行政区划单位，其中包括 8 个地级市和 8 个少数民族自治州，8 个地级市分别是昆明市、曲靖市、玉溪市、保山市、昭通市、丽江市、普洱市、临沧市，8 个少数民族自治州分别是楚雄州、红河州、文山州、版纳州、大理州、德宏州、怒江州、迪庆州。2016 年，全省划分为 129 个县级行政区划单位，其中包括 15 个市辖区、15 个县级市、70 个县、29 个民族自治县。②总体来说，云南的地域空间具有以下几

---

① 云南省人民政府. 云南省人民政府关于印发云南省主体功能区规划的通知. http://www.yn.gov.cn/yn_zwlanmu/yn_gggs/201405/t20140514_13978.html[2016-12-30].

② 云南省人民政府门户网站. 云南概况. http://www.yn.gov.cn[2016-12-30].

个主要特征。①

1）区位独特。云南地处中国、东南亚、南亚三大市场接合部，与越南、老挝、缅甸三国接壤，与泰国和柬埔寨通过澜沧江—湄公河相连，并与马来西亚、新加坡、印度、孟加拉国等国邻近，是我国毗邻周边国家最多、边境线最长的省份之一。在建设我国面向西南开放重要桥头堡和建设"一带一路"的新形势下，随着综合交通运输网络的日趋完善，云南正在成为我国通往东南亚、南亚国家的便捷通道。

2）地形复杂。云南位于我国三大地势阶梯中的第一地势阶梯与第二地势阶梯的过渡带上，地势北高南低，平均海拔为 2000 米左右，山地占全省土地总面积的84%。东南部为滇东、滇中高原，西北部为横断山脉纵谷区，高山峡谷相间。土地资源总体丰富，但可利用土地较少。最适宜工业化、城镇化开发的坝子（盆地、河谷）土地仅占全省土地总面积的 6%，常用耕地面积为 423.01 万公顷，陡坡耕地和劣质耕地所占比例较大，优质耕地所占比例较小，主要分布在坝区，未来坝区建设用地增加的潜力极为有限。

3）水系众多。云南是诸多河流的发源地和上游区，这些河流分别属于金沙江、澜沧江、怒江、珠江、红河、伊洛瓦底江六大水系，水能资源理论蕴藏量为 1.04亿千瓦。云南共有 40 多个天然湖泊，多数为断陷型湖泊，其中九大高原湖尤为著名。云南水资源非常丰富，但时空分布不均。云南全省水资源总量约为 2256多亿立方米，仅次于西藏、四川两地区，居全国第 3 位，人均水资源占有量约 4800立方米，是全国平均水平的 2 倍多，但时空分布不均，雨季（5～10 月）降雨量占全年的 85%，旱季（11 月至次年 4 月）仅占 15%；地域分布上表现为西多东少、南多北少，水资源分布与土地资源分布、经济布局严重错位，占全省经济总量 70%左右的滇中地区仅拥有全省水资源的 15%，部分县市区人均水资源量低于国际用水警戒线。水资源开发利用难度大，平均开发利用率仅为 7%，水资源供需矛盾十分突出，工程性、资源性、水质性缺水并存。

4）气候多样。云南属于低纬度高原季风气候区，气候多样性显著，包含 7个气候带。气温年较差小、日较差大，积温有效性高。雨量充沛，雨热同季，干湿季分明。山地立体气候特征显著，海拔高度差几乎掩盖了纬度差异，形成"一山分四季，十里不同天"的特征。但是，自然灾害频发，灾害威胁较大，干旱、洪涝、低温冷害、大风冰雹、雷电等气象灾害发生频率高，季节性、突发性、并发性和区域性特征显著。

5）资源丰富。云南是全国植物种类最多的省份，有高等植物 18 000 多种，在全国 3 万种高等植物中，云南占 60% 以上，被誉为"植物王国"。动物种类为全国之冠，有脊椎动物 1737 种，占全国的 59%，有昆虫 1 万余种，占全国的 40% 左右，被誉为"动物王国"；全省生物多样性特征显著，是世界上难得的野生动植物种质资源基因库；矿产资源种多量丰，尤以磷矿和铜、铅、锌、锡等有色金属矿产最为突出，被誉为"有色金属王国"；旅游资源十分丰富、聚合度高，全省已建成投入运营的景区、景点有 200 余个，国家级 A 级以上景区有 134 个，被誉为"旅游王国"。2012 年云南省森林覆盖率达到 54.64%，森林面积为 1817.73 万公顷，约占全国的 1/10，居全国第 3 位（云南省人民政府，2014）。但是，由于大部分地形较为破碎，全省生态系统脆弱性也非常突出，土壤侵蚀敏感区超过全省土地面积的 50%，其中高度敏感区占全省土地面积的 10%；石漠化敏感区占全省土地面积的 35%，其中高度敏感区占全省土地面积的 5%。[①]

二、云南的经济地理特征

2016 年，云南全省 GDP 达 14 719.95 亿元。其中，第一产业完成产值为 2195.11 亿元，第二产业完成产值为 5649.34 亿元，第三产业完成产值为 6875.50 亿元，2016 年三次产业结构比由上年的 15.1∶39.8∶45.1 调整为 14.9∶38.4∶46.7（云南省统计局，国家统计局云南调查总队，2017）。2016 年末总人口为 4770.5 万人（云南省统计局，国家统计局云南调查总队，2017），总人口的 1/3 居住在滇中 4 州市。而滇中 4 州市以全省约 1/4 的土地面积和约 1/3 的人口创造了全省约 2/3 的经济总量，昆明市更是以全省约 1/10 的土地面积和近 1/7 的人口创造了全省约 1/3 的经济总量。可见，云南省的经济聚集程度高，但人口居住分散。2016 年，云南省城镇化率仅为 45.03%，低于全国城镇化率（57.35%）（云南省统计局，国家统计局云南调查总队，2017），有超过一半的人口分散居住在广大的山区、半山区。人口的过度分散导致零星开垦、粗放耕作等现象普遍，加重了水土流失、石漠化等

---

① 云南省人民政府门户网站. 云南概况. http://www.yn.gov.cn[2016-12-30].

生态问题，更增加了基础设施的建设成本和公共服务提供的难度。

总体来说，云南省依托全省丰富的资源，根据国家区域经济发展战略和产业政策的宏观指导，结合云南省实际，不断优化经济布局，积极推进区域经济统筹协调发展，已初步形成了以现代新昆明为中心的城市经济区、对外开放的经济走廊，以及特色产业发展地区等。其重点实施了中药材基地、蔬菜出口加工等一大批以农产品加工和市场体系建设为龙头的重大项目建设，初步形成了各具特色的区域化布局，各地农村经济的区域特色正在逐步显现。烟、糖、茶、胶、林、畜等传统优势产业进一步发展壮大，蔬菜、马铃薯、花卉等新兴特色产业迅猛发展，成为国民经济的重要产业和农民增收的重要途径。工业对全省经济的主导作用得到增强。全省发展烟草及配套、能源、医药、农特产品加工、信息、冶金、化工、机械制造、建材等重点产业，通过发展高新技术产业，加大用高新技术、先进适用技术改造提升支柱产业和传统产业的力度，促进企业节能、降耗、环保、增效，工业经济实现了持续健康发展。在以旅游业为重点的现代服务业加快发展并取得明显成绩的基础上，全省规划建设了一批对接大西南和东盟市场的物流基地和专业物流中心，现代物流体系正在逐步形成。

三、突出问题

当前，云南省的综合经济实力进一步增强，支柱产业培育取得新的成效，基础设施瓶颈制约明显缓解，发展的基础更加扎实。但是，从空间开发与利用的角度来看，其区域发展不平衡问题突出，明显呈现出中部经济发展快、偏远和少数民族地区经济发展慢的区域特征。

1）人口、经济与资源环境的空间分布不够协调。坝区是全省经济社会发展的重要载体和空间结构的重要支撑，但全省的坝区空间十分有限，分布于坝区的大中城市聚集人口过多，资源环境压力大；资源丰富的广大山区，以及广泛分布于山区的小城镇和集镇，经济发展规模较小，人口数量过少。

2）区域间的经济发展差距巨大。2016年，全省16个州市中，人均GDP最高的州市达64 156元，而最低的州市仅有14 040元；城市化率最高的州市达71.0%，而最低的州市仅为31.0%（云南省统计局，国家统计局云南调查总队，2017）。

3）少数民族地区发展较为迟缓。云南省的少数民族人口比例高达1/3，16个州市中，有8个州市是少数民族自治州。少数民族人口中的贫困人口比例较大，民族发展较为迟滞。

4）空间结构不尽合理，空间利用效率低。全省缺乏统一的空间开发战略规划，在土地利用、基础设施网络建设、人口流动、城乡规划与建设、产业聚集和布局等方面缺乏统筹考虑。全省人口分布和基础设施、生产力、城市布局过于分散，绝大部分城镇的人口密度较低，聚集人口和经济规模较小，基础设施建设成本高，规模效益不能充分发挥。

5）生态功能退化，环境问题凸显。水污染问题严重，高原水系生态脆弱，坝区的水污染较为突出，滇池等高原湖泊加强水污染防治的任务繁重；许多地区水土流失严重，地质灾害频发；滇东北和滇东南岩溶石山地区人多地少，已成为云南省石漠化重灾区。

6）区域和城乡间公共服务和生活条件差距明显。山区与坝区、城镇与农村在基础设施建设、基本公共服务、基本社会保障和人民生活条件等方面存在较大差距，尤其以边境地区、民族地区的差距最为突出，在教育发展方面尤为突出，各地区之间、城乡之间的教育发展差距较大。

云南省独特的区位和资源环境条件决定了其在《全国主体功能区规划》中的重要地位，这里的资源开发、生态建设和边境安全对国家经济的可持续发展和社会的和谐稳定有重要影响，承担着为国家可持续发展提供资源环境保障和保障国家边境安全等方面的使命。另外，区域间在经济、社会、教育等方面的差距较大，统筹发展的难度较大。

第三节　客观基础Ⅲ：《云南省主体功能区规划》

划分主体功能区，就是要根据云南省不同区域的资源环境承载能力、现有开发密度和未来发展潜力，确定各区域的主体功能，逐步形成人口、经济、资源、环境相协调的空间开发格局。[①]

根据国家对主体功能区规划编制的要求，结合云南省省情，《云南省主体功能区规划》将全省空间按照开发方式分为重点开发区域、限制开发区域和禁止开

---

① 云南省人民政府. 云南省人民政府关于印发云南省主体功能区规划的通知. http://www.yn.gov.cn/yn_zwlanmu/yn_gggs/201405/t20140514_13978.html[2016-12-30].

发区域 3 类主体功能区。

一、重点开发区域

重点开发区域是指具备较好经济基础，资源环境承载能力较强，发展潜力较大，聚集人口和经济条件较好，是支撑和带动全省经济发展，应该重点进行工业化、城镇化开发的城市化地区。[①]云南省的重点开发区域包括国家层面重点开发区域、省级层面重点开发区域和其他重点开发的城镇。

（一）国家层面重点开发区域

国家层面重点开发区域是对全国区域经济协调发展有重大意义的城市化地区，是支撑全国经济增长的重要增长极，同时又是带动、辐射全省经济发展的增长极，是产业集聚、人口集聚的重要区域。

云南省的国家层面重点开发区域位于滇中地区，分布在昆明、玉溪、曲靖和楚雄 4 个州市的 27 个县市区和 12 个乡镇。该区域的功能定位为：我国面向西南开放重要桥头堡建设的核心区，连接东南亚、南亚国家的陆路交通枢纽，面向东南亚、南亚对外开放的重要门户，要完善国际运输大通道，强化面向东南亚、南亚陆路枢纽功能，加强区域内城际快速轨道交通、通信等基础设施建设，提升区域一体化水平；全国重要的烟草、旅游、文化、能源和商贸物流基地，以化工、有色金属冶炼加工、生物为重点的区域性资源深加工基地，承接产业转移基地和外向型特色优势产业基地，建设高原特色农产品生产基地，发展农产品加工业，稳步提高农产品的质量和效益，推进与周边国家的农业合作，建设外销精细蔬菜生产基地、温带鲜切花生产基地和高效林业基地；我国城市化格局中特色鲜明的高原生态宜居城市群；全省跨越发展的引擎，我国西南地区重要的经济增长极（人民出版社，2015：15-16）。

国家层面的重点开发区域集中在云南省经济社会的核心地区，包括昆明、曲靖、玉溪和楚雄 4 个州市的中心城市，具有很好的地理区位优势和历史优势，这一区域已经形成了良好的产业聚集，提供了较多的就业机会，同时较高的经济发

---

① 云南省人民政府. 云南省人民政府关于印发云南省主体功能区规划的通知. http://www.yn.gov.cn/yn_zwlanmu/yn_gggs/201405/t20140514_13978.html[2016-12-30].

展水平也吸引了大量人口，特别是昆明市聚集了全省近 1/7 的人口。

昆明市是云南省省会，2016 年，全市辖 1 个县级市、6 个市辖区和 7 个县（安宁市、呈贡区、五华区、盘龙区、官渡区、西山区、东川区、晋宁县、富民县、宜良县、石林县、嵩明县、禄劝县、寻甸县）。昆明市是西南地区的中心城市之一，是我国面向东南亚、南亚乃至中东、南欧、非洲的前沿和门户，具有"东连黔桂通沿海，北经川渝进中原，南下越老达泰柬，西接缅甸连印巴"的独特区位优势。昆明市作为云南省政治、经济、文化、科技中心和交通、通信的枢纽，凭借其占全省 GDP 1/3 的雄厚经济实力和优越的气候、悠久的文化、独特的区位优势，占据云南省的中心城市地位。2016 年，昆明市 GDP 为 4300.08 亿元，位于全省之首，占全省 GDP 的 29.2%，三次产业结构比为 4.7∶38.6∶56.7，人均 GDP 为 64 156 元（云南省统计局，国家统计局云南调查总队，2017）。相对良好的就业条件和生存空间吸引了大量的人口聚集，2016 年末，昆明市常住人口为 672.8 万人，占全省总人口的 14.1%，居全省各州市首位。昆明市集云南省政治、经济、社会中心于一体，是云南省的中心，也是重点开发区域的核心区域，对全省有很强的辐射作用。昆明市有良好的地理条件和政策支持，经济发展处于全省领先地位，产业发展处于全省的龙头地位。

玉溪市地处云南省中部，位于东经 101°16′～103°09′、北纬 23°19′～24°53′，2016 年，全市辖 1 区、8 县（红塔区、江川县、澄江县、通海县、华宁县、易门县、峨山彝族自治县、新平彝族傣族自治县、元江哈尼族彝族傣族自治县）。玉溪市是承接昆明政治、经济、文化和对外开放的重要节点，是通往东盟国家的重要交通枢纽，通信、电力以及城市功能完善。①玉溪市是云南重要的工业区，2016 年，完成 GDP 1311.88 亿元，占全省 GDP 的 8.9%，三次产业结构比调整为 10.3∶52.2∶37.5，人均 GDP 为 55 389 元，仅次于昆明市，位居云南省第二位。玉溪市具有良好的经济发展能力和人口优势，2016 年末，全市户籍人口达 237.5 万人，占全省总人口的 5.0%（云南省统计局，国家统计局云南调查总队，2017）。

曲靖市地处云南省东部偏北，位于东经 103°03′～104°50′、北纬 24°19′～27°03′。土地面积为 2.89 万平方千米，是云南省重点的工业布局区域，是滇中经济圈的重要增长极，也是国家"三线建设"的重点地区。曲靖市蕴含丰富的以煤、

---

① 玉溪市人民政府门户网站. 走进玉溪. http://www.yuxi.gov.cn[2016-12-30].

磷、铅、锌等为主的 29 种矿产资源和丰富的水能资源，产业基础雄厚，优势突出，现已基本形成了以优势特色农业、能源、烟草、化工、冶金、装备制造、轻工建材、生物资源为支柱的产业基地①，农业中的烤烟、粮食、油料、肉类生产均居全省第一位。2016 年，全市辖 3 区、1 市、5 县（麒麟区、沾益区、马龙区、宣威市、富源县、陆良县、师宗县、罗平县、会泽县），实现 GDP 1768.41 亿元，占全省 GDP 的 12.0%，人均 GDP 达到 29 155 元，三次产业结构比为 19.0∶38.2∶42.8（云南省统计局，国家统计局云南调查总队，2017）。2016 年末，全市户籍总人口为 608.4 万人，占全省总人口的 12.8%。

楚雄州位于云南省中部偏北，位于东经 100°43′~102°32′、北纬 24°13′~26°30′，是省会昆明市西出滇西 7 州（市）及缅甸的必经之地，故有"迤西咽喉"之称。2016 年，全州辖 1 市、9 县（楚雄市、双柏县、牟定县、南华县、姚安县、大姚县、永仁县、元谋县、武定县、禄丰县）。经过多年发展，楚雄州已形成卷烟、医药、冶金、食品、建材、煤炭、电力、机械、纺织、化工、旅游服务等门类齐全的行业，烟草、冶金化工、绿色食品、文化旅游、生物医药、新能源新材料等六大重点产业发展迅速；州内矿产资源十分丰富，有铜、铁、铅、锌、钛、铂、钨、金、磷、芒硝、云母、煤、盐、石棉等，尤其以铜、铁、煤、盐著称。②楚雄州是滇中经济圈的重要增长极，2016 年，全州 GDP 达 846.72 亿元，占全省 GDP 的 5.8%，三次产业结构比为 19.2∶38.0∶42.8；人口为 273.9 万人，占全省总人口的 5.7%，人均 GDP 为 30 948 元（云南省统计局，国家统计局云南调查总队，2017）。

在国家层面重点开发区域，主体功能区规划明确其发展方向为：构建"一区、两带、四城、多点"一体化的滇中城市经济圈空间格局。加快滇中产业聚集区规划建设（滇中产业聚集区发展定位是我国面向西南开放重要桥头堡建设的核心区、产业发展的聚集区、改革开放的实验区、产城融合的示范区、科技创新的引领区、绿色发展的样板区），促进形成昆（明）曲（靖）绿色经济示范带和昆（明）玉（溪）旅游文化产业经济带，重点建设昆明、曲靖、玉溪、楚雄 4 个中心城市，将以县城为重点的城市和小城镇打造为经济圈城市化、工业化发展的重要支撑。③

---

① 曲靖市人民政府门户网站. 魅力曲靖. http://www.qj.gov.cn[2016-12-30].
② 楚雄州人民政府门户网站. 魅力楚雄. http://www.cxz.gov.cn[2016-12-30].
③ 云南省人民政府. 云南省人民政府关于印发云南省主体功能区规划的通知. http://www.yn.gov.cn/yn_zwlanmu/yn_gggs/201405/t20140514_13978.html[2016-12-30].

（二）省级层面重点开发区域

《云南省人民政府关于印发云南省主体功能区规划的通知》明确指出，"省级层面重点开发区域是指除国家层面重点开发区域外，对支撑全省经济持续增长和促进全省区域协调发展意义重大，并具有中心城市和一定区域辐射功能的相对连片城市化地区。分布在滇西地区、滇西北地区、滇西南地区、滇东南地区和滇东北地区，共涉及 16 个县市区，按行政区统计面积为 3.66 万平方千米，占全省土地面积的 9.3%"[①]。这些县市区包括保山隆阳区、昭通昭阳区、昭通鲁甸县、丽江古城区、丽江华坪县、普洱思茅区、临沧临翔区、红河个旧市、红河开远市、红河蒙自市、红河河口县、文山砚山县、大理市、大理祥云县、大理弥渡县、德宏瑞丽市。

滇西地区"位于全省城市化战略格局的西部，是指以大理、隆阳、芒市、瑞丽为重点，以祥云、弥渡、腾冲等县城和猴桥、章凤、盈江等口岸为支撑的组团式条带状城镇密集区"。该区域水资源总体较为丰富，是云南西部地区的交通枢纽和物资集散地，对云南西部地区经济发展具有重要支撑作用。这个区域的功能定位是："我国连接缅甸、南亚、印度洋的黄金通道，我国面向西南开放重要桥头堡的重要节点和窗口；云南省以优质粮、糖和香料为主的生物资源加工基地，重要的建材、矿冶、轻工生产和加工基地、商贸中心、文化产业发展中心和特色制造业中心，具有边疆民族特色的火山热海旅游区。"

"滇西北地区位于全省城市化战略格局的西北部，是指以丽江古城区为核心，香格里拉县建塘镇、泸水县等为支撑的据点式城镇发展区。"该区域大部分位于三江并流区，未来可用于工业化和城市化的土地资源较为有限，但水资源较为丰富，立体气候显著。该区域旅游资源丰富，是全国重要的旅游目的地，目前已形成包括铁路、高速公路和机场在内的立体交通网络。这个区域的功能定位是："云南省进入西藏的交通咽喉；大香格里拉旅游区的主要组成部分，世界级精品旅游胜地；是云南省独具特色的生物资源开发创新基地、重要的水能基地和矿产资源开发区。"

滇西南地区位于全省城市化战略格局的西南部，"是指以景洪、思茅、临翔 3

① 云南省人民政府. 云南省人民政府关于印发云南省主体功能区规划的通知. http://www.yn.gov.cn/yn_zwlanmu/yn_gggs/201405/t20140514_13978.html[2016-12-30].

个中心城市为核心，宁洱、云县、澜沧、景谷等县城为节点，磨憨、孟定、南伞、打洛等口岸为支撑的组团式城镇开发区"。该区域地形以低山丘陵为主，地势起伏不大，光、热、水、土以及地形等自然条件配合较好，可用于工业化和城市化的土地、水等资源丰富。该区域还具有与缅甸、老挝和越南三国接壤的优越区位条件，是中南半岛国家从陆路进入中国的重点门户，目前陆、水、空的综合交通体系已基本形成。这个区域的功能定位是："昆明至磨憨辐射泰国曼谷经济走廊的重要组成部分，中国与东南亚经济文化联系的纽带；重要的热带特色生物产业、可再生能源、出口商品加工基地；面向老挝、泰国的重要商贸集散地，澜沧江—湄公河国际旅游区。"

滇东南地区位于云南省城市化战略格局的东南部，"是指以个旧、开远、蒙自、建水、文山、砚山、丘北、平远为中心，以河口、天保、田蓬、金水河等口岸为前沿的双核心组团式城镇密集区"。该区域是云南近代最早的外贸口岸和全省开放最早的地区，有较好的发展基础，是云南省重要的冶金、烟草基地。这个区域的功能定位是："昆明至河口辐射越南河内经济走廊以及昆明—文山—北部湾和珠三角经济走廊的接合部，沟通云南与越南、中国内地与越南市场的商贸枢纽和进出口物资中转通道；全省重要的现代农业、生物医药、有色冶金、能源、化工、建材基地，以及喀斯特山水文化旅游区。"

云南滇东北地区位于云南省城市化战略格局的东北端，"是指以昭阳区和鲁甸县一体化为核心，包括沿昆水公路重点城镇的带状组团式城镇密集区域"。该区域以山地、坝子和高原地形为主，未来可用于工业化和城市化的土地资源较为丰富，水资源开发利用潜力大，水资源容量总体较好。该区域地处滇、川、黔三省接合部，位于昆明、成都、贵阳、重庆等中心城市经济社会发展辐射的交汇点，是云南的北大门和滇、川、黔三省经济、文化的交汇重地。这个区域的功能定位是："昆明—昭通—成渝和长三角经济走廊的前沿，滇、川、渝、黔交界区域的经济增长极；全省重要的能源基地和重化工业基地。"

（三）其他重点开发的城镇

"其他重点开发的城镇是指点状分布于农产品主产区和重点生态功能区中城镇的中心区域，资源环境承载能力相对较强，有一定聚集经济和人口的条件，是全省城市化战略格局的重要组成和补充，主要进行'据点式'开发。此类地区又分为重点县城镇、重点小镇、重点口岸镇 3 种类型，共涉及 80 个乡镇。"①

重点县城镇包括陆良县中枢镇、会泽县金钟镇、施甸县甸阳镇等 41 个镇。重点县城镇的功能定位是："发挥县域经济发展的核心区和引导区的作用，积极承接中心城市的产业辐射和转移，完善城镇各类道路、供水、电力、通信、交通等基础设施，优化居住环境，提升服务水平。大力发展碳汇经济和生态农业，依托现有经济发展和城镇建设基础，完善公共服务体系，建设成为全县经济的重要承载区和人口聚集区。"

重点小镇包括石林县西街口镇、陆良县召夸镇、会泽县者海镇等 24 个小镇。重点小镇的功能定位是："以园区为重点，深入挖掘特色资源，促进特色产业聚集式发展，不断完善基础设施，构建综合交通网络，优化居住环境，积极承接周边农业人口转移。强化政府公共服务职能，改善投资环境，加大产业扶持力度，做大做强优势、主导产业。"

重点口岸镇包括腾冲县猴桥镇、江城县康平镇、镇康县南伞镇等 15 个口岸镇。重点口岸镇的功能定位是："努力打造区域性物流基地、进出口加工基地和商品交易基地，加强口岸配套设施建设，加大边民互市贸易区（点）基础设施支持力度，发展边境贸易，扩大开放，聚集一定规模的人口和经济，维护边境安定。完善城镇各类基础设施，优化居住环境，提升服务水平。"

（四）重点开发区域的功能定位

重点开发区域的功能定位是："支撑全省乃至全国经济增长的重要增长极，工业化和城镇化的密集区域，落实国家新一轮西部大开发战略、我国面向西南开放重要桥头堡战略、'一带一路'倡议，促进区域协调，实现科学发展、和谐发展、跨越发展的重要支撑点。"

《云南省主体功能区规划》中明确指出，"重点开发区域应在优化结构、提高效益、降低消耗、保护环境的基础上推动经济可持续发展；推进新型工业化进程，提高自主创新能力，聚集创新要素，增强产业聚集能力，积极承接国际国内产业转移，形成分工协作的现代产业体系；加快推进城镇化，壮大城市综合实力，改善人居环境，提高聚集人口的能力；推进区域一体化，承接限制和禁止开发区域

---

① 云南省人民政府. 云南省人民政府关于印发云南省主体功能区规划的通知. http://www.yn.gov.cn/yn_zwlanmu/yn_gggs/201405/t20140514_13978.html[2016-12-30].

的人口转移，努力形成城市群和都市区；发挥区位优势，加快沿边地区对外开放，加强国际通道、口岸和城镇建设，形成若干支撑沿边对外开放的经济增长点，拓展我国对外开放的战略空间"。

重点开发区域的一个主要发展方向就是要积极推进人口城镇化以及完善城市基础设施和公共服务等，促进人口素质与人口聚集规模相适应。进一步提高城市的人口承载能力，为大规模的人口聚集奠定基础。

从空间分布上，重点开发区域涵盖了云南省所有 16 个州市，这有利于以每个州市的重点开发区域为增长极，支撑各州市的经济增长，集聚该州市的产业和人口，也有利于减轻该州市范围内的限制开发区域和禁止开发区域的经济发展压力，使之着重发展农产品和生态产品的生产和建设。

二、限制开发区域

"云南省限制开发区域包括农产品主产区和重点生态功能区两类，是保障全省乃至全国生态安全、粮食安全的重要区域。"

"农产品主产区是指具备较好的农业生产条件，以提供农产品为主体功能，以提供生态产品和服务产品及工业品为其他功能，需要在国土空间开发中限制大规模高强度工业化城镇化开发，以保持并提高农产品生产能力的区域。"[1]云南省农产品主产区按行政区统计面积为 15.9 万平方千米，占全省土地面积的 40.3%，主要包括宜良县、石林县、禄劝县、陆良县、师宗县、罗平县等 49 个县。

"农产品主产区是保障粮食产品和主要农产品供给安全的基地，全省农业产业化的重要地区，现代农业的示范基地。因此，农产品主产区要以大力发展高原特色农业为重点，切实保护耕地，稳定粮食生产，发展现代农业，增强农业综合生产能力，增加农民收入，加快建设社会主义新农村，有效增强农产品供给保障能力，确保国家粮食安全和食品安全。"

"重点生态功能区是指资源环境承载能力较弱、大规模聚集经济和人口条件不够好，生态系统十分重要，关系全省乃至全国更大范围的生态安全，不适宜进行大规模、高强度的工业化和城镇化开发，需要统筹规划和保护的重要区域。重点

---

[1]　云南省人民政府. 云南省人民政府关于印发云南省主体功能区规划的通知. http://www.yn.gov.cn/yn_zwlanmu/yn_gggs/201405/t20140514_13978.html[2016-12-30].

生态功能区分国家级和省级两个层面，共包括 38 个县市区和 25 个乡镇，其中国家级包括 18 个县市，省级包括 20 个县市区和 25 个乡镇。行政区统计面积为 14.93 万平方千米，占全省土地面积的 37.9%，其中，国家级占 21.9%，省级占 16.0%。"国家级重点生态功能区主要包括玉龙县、屏边县、金平县、文山市等 18 个县市，省级重点生态功能区主要包括东川区、大姚县、永仁县、巧家县等 20 个县市区和 25 个乡镇。

"重点生态功能区的主要功能是保护和修复生态环境，提供生态产品，因地制宜地发展不影响主体功能定位的适宜产业，引导超载人口逐步有序转移。"[①]在空间分布上，限制开发区域呈点状和片状分布在云南省 16 个州市区域内。

在限制开发区域，《云南省主体功能区规划》明确要求要加强农村劳动力培训，开展多种形式的就业培训，拓宽转移就业渠道，努力扩大培训规模。

三、禁止开发区域

"禁止开发区域是指有代表性的自然生态系统，珍稀濒危野生动植物物种的天然集中分布地、有特殊价值的自然遗迹所在地和文化遗址等点状分布的区域。禁止开发区域分为国家级和省级，具体包括：自然保护区、世界遗产、风景名胜区、森林公园、地质公园、城市饮用水源保护区等。禁止开发区域是国家和云南省保护自然文化资源的重要区域及珍贵动植物基因资源保护地，总面积为 7.68 万平方千米，占云南省总面积的 19.5%，呈斑块状或点状镶嵌在重点开发和限制开发区域中。"[②]其包括禄劝县的轿子山、会泽黑颈鹤保护区、哀牢山、元江、大山包黑颈鹤保护区等 20 个国家级禁止开发区域、39 个省级禁止开发区域、61 个州市级禁止开发区域和 50 个县级禁止开发区域。

禁止开发区域的主要任务有：加大退耕还林和水土保持生态修复力度，提高森林覆盖率，恢复生态系统功能，扩大环境容量。加强采取天然林保护、天然湿地保护、封山育林、植树造林和预防森林火灾、防治病虫害等措施。积极推进自然保护区、重要野生动植物分布区的原生态系统保护和退化生态系统恢复工作。

---

① 云南省人民政府. 云南省人民政府关于印发云南省主体功能区规划的通知. http://www.yn.gov.cn/yn_zwlanmu/yn_gggs/201405/t20140514_13978.html[2016-12-30].

② 云南省人民政府. 云南省人民政府关于印发云南省主体功能区规划的通知. http://www.yn.gov.cn/yn_zwlanmu/yn_gggs/201405/t20140514_13978.html[2016-12-30].

"科学开发，发展生态旅游，以科学发展观为指导，以'保护优先、开发有序'为原则，以生物多样性为基础，以文化多样性为灵魂，以环境友好为要求，科学编制生态旅游发展规划，调整产业结构，转变经济增长方式，对禁止开发区域科学、合理开发，促进人与自然和谐发展。"

在禁止开发区域，为减轻经济开发对禁止开发区域资源环境的破坏，《云南省主体功能区规划》明确提出要发展区域的职业教育和技能培训，提高劳动者跨区域就业的能力，加快人口有序转移。

如果以云南省各州市为空间单元，各州市都分布有重点开发区域、限制开发区域和禁止开发区域三种主体功能区类型。因此，各州市在主体功能区的建设中，应采取分类发展的政策，针对不同的主体功能区，采取与其主体功能相适应的发展措施。同时，在职业教育的发展上，也要进行统筹规划、分类发展。

第四节　客观基础Ⅳ：云南职业教育的发展现状

对于云南职业教育的发展现状，本书主要从空间布局、层次结构、专业类型和形式构成四个方面来加以描述。另外，在云南省现有的职业教育发展中，高等职业教育由省级教育主管部门进行管理，学生来源于整个省域，也服务于整个省域的经济社会发展；而中等职业教育由州级、市级、县级教育行政管理部门进行管理，学生主要来源于该州级区域、市级区域、县级区域，服务面向也以该州级区域、市级区域、县级区域为主，鉴于高等职业教育和中等职业教育两个办学层次在空间布局、专业设置上存在诸多差异，本书在分析职业教育的空间布局、专业设置特征时，分别从高等职业教育和中等职业教育两个层次来加以分析。

一、职业教育的空间布局

职业教育的空间布局是指职业教育资源在空间上的分布，与区域的社会、经济、人口发展等因素有着十分密切的关系。职业教育资源主要分布在各级城市、区、县，这是由职业教育面向地方、突出为经济发展服务的特点，为生产一线和广大农村培养技术应用型人才和技能型人才的办学目标所决定的。

（一）云南高等职业教育的空间分布

截至 2016 年 12 月 30 日，云南省共有 34 所职业技术学院，主要分布在云南省的大中城市。34 所院校中，23 所分布在省会昆明市，占比为 67.6%；其他 11 所分布在 9 个市州的中心城市。①从布局结构上来看，云南省的高等职业院校高度集中在云南经济社会发展的核心区——昆明市。

云南省的高等职业院校主要分布在云南省昆明市、曲靖市、玉溪市、昭通市、楚雄州、红河州、大理州、版纳州、德宏州、文山州 10 个州市的中心城市，昆明市为高聚集区。从空间布局上看，高等职业院校主要聚集在滇中和滇南地区，保山市、丽江市、普洱市、临沧市、怒江州、迪庆州 6 个州市还未设置高等职业院校。

究其原因，各地区经济发展的不平衡是云南高等职业教育分布极不平衡的主要影响因素之一。职业教育的发展依赖于区域经济社会发展，需要区域为其提供办学经费、教学设施、办学场地等物质条件，而区域经济社会发展的人才需求又是职业教育发展的动力。一般来说，经济社会发展水平越高，相应的职业教育发展水平也越高。区域之间经济发展水平的差异往往会导致区域职业教育发展的不均衡。2016 年，云南省全省 GDP 为 14 719.95 亿元，昆明市 GDP 为 4300.08 亿元，占比为 29.2%。全省 GDP 最低的是怒江州，其 GDP 为 126.46 亿元，仅占 0.9%，全省各州市的经济发展极不均衡。另外，云南省的人口分布也极不均衡，2016 年，昆明市的人口数占全省总人口数的 14.1%，而怒江州的人口数仅占全省总人口数的 1.1%，迪庆州的人口数占比为 0.9%，昆明市、曲靖市和昭通市 3 个市的人口总数占全省总人口数约 40%，人口分布的不均衡也是导致高等职业教育资源分布不均衡的主要因素。②

就职业教育资源配置的公平性来说，过度集中和过度分散都是不合理的。从区域协调的角度来说，教育的区域布局不可能绝对均衡，但是作为一种公共产品或准公共产品，教育资源分布又要相对均衡。在我国以政府主导为主、市场引导为辅类型的教育布局形势下，区域教育的布局结构应该是公平与效率相结合的。

---

① 云南省教育厅. 2017. 2016 年云南教育事业统计摘要.
② 云南省统计局，国家统计局云南调查总队. 2017. 云南统计年鉴 2017. 北京：中国统计出版社.

这里所说的公平是指教育布局结构的确定和调整要尽可能地考虑基础性教育资源配置的公平性，保证区域间发展的相对平衡；效率是指教育布局结构的确定与调整要从区域实际出发，统筹区域一盘棋，做到有主有次，有先有后，重点扶持与一般发展相结合，优先发展与后发促进相结合（刘六生，2012：70）。

从效率来说，集中在中心城市和经济发达地区办学，有利于职业资源的获取、共享和互补，也有利于吸引学生。但是，从教育的公平性来说，教育资源的过度集中不利于广大人民群众公平地享受受教育权利，特别是社会中的弱势群体，如边远贫困地区的贫困人群，以及城市中的低收入人群等，很难接受到他们所需要的职业教育，而职业教育的主要职能之一，就是要让因种种原因不能接受普通高等教育的适龄人口通过接受职业教育，获取一技之长，以便于他们立足社会。高等职业院校的过度聚集会导致应用型人才培养的结构性失调，一方面，未设置高等职业院校的地区不能有针对性地培养该区域发展所需的全部应用型人才；另一方面，高等职业院校过度聚集的区域有可能会产生人才过剩、就业困难等社会问题。所以，从教育公平的角度来分析，云南省应逐步把集中在昆明市的部分高等职业院校中的一部分迁移到其他州市，或者在符合条件的州市开办高等职业院校，例如，曲靖市是除昆明市之外人口数较多的州市，经济发展水平较高，在这样的地区举办高等职业教育，非常有利于促进区域经济的发展，也有利于高等职业教育资源的相对均衡分布。

（二）云南中等职业教育的空间分布

云南省的普通中专和职业高中主要集中在昆明市和曲靖市，相对于高等职业院校来说，中等职业教育资源的分布更为均衡一些，全省各州市均设置有中等职业学校，基本上所有县都设置有职业中学。但是，中等职业教育在全省各州市的分布也不均衡，如表 2-1 所示。

表 2-1　2016 年云南省各州市中等职业学校数、在校生数统计表

省州市	中等职业学校数/所	中等职业学校在校生数/人
昆明市	78	173 398
曲靖市	31	68 731
玉溪市	20	22 629
保山市	11	19 780

续表

省州市	中等职业学校数/所	中等职业学校在校生数/人
昭通市	29	25 639
丽江市	11	7 570
普洱市	25	19 431
临沧市	19	16 616
楚雄州	25	17 495
红河州	37	28 570
文山州	27	31 165
版纳州	10	8 583
大理州	29	29 779
德宏州	12	12 636
怒江州	5	1 845
迪庆州	5	2 381
云南省	374	486 248

资料来源：云南省教育厅.2017.2016 年云南教育事业统计摘要

由表 2-1 可知，云南省中等职业教育的空间分布存在巨大的区域分异，昆明市的中等职业教育分布规模最大；分布呈明显的聚集态势，云南省的中等职业教育资源聚集在经济发展水平较高、人口较多的地区，例如，昆明市是全省的经济发展中心，也是人口最为集中的地区，中等职业教育的发展规模也最大，聚集了云南省约 21%的中等职业学校、约 36%的中等职业学校学生。曲靖市是云南省的 GDP 较高和人口数较大的州市，仅次于昆明市，曲靖市的中等职业教育规模也较大。

经济发展水平是职业教育空间布局的重要影响因素。经济发展水平较高的地区，能够为职业教育发展提供较好的办学条件，同时，经济发展水平较高的地区也具有较高的职业教育需求，能促进职业教育的发展。人口分布也影响着职业教育的空间布局，职业教育规模必须与人口分布相适应，这也是职业教育的办学规律之一。云南省各州市的 GDP、人口数和中等职业教育规模如表 2-2 所示。

表 2-2　2016 年云南省各州市 GDP、人口数、中等职业教育规模统计表

省州市	GDP/亿元	州市 GDP 占全省比例/%	人口数/万人	人口数占全省人口数的百分比/%	中等职业学校在校生数百分比/%
昆明市	4 300.08	29.0	672.8	14.1	35.6
曲靖市	1 768.41	11.8	608.4	12.8	14.0

省州市	GDP/亿元	州市 GDP 占全省比例/%	人口数/万人	人口数占全省人口数的百分比/%	中等职业学校在校生数百分比/%
玉溪市	1 311.88	8.7	237.5	5.0	4.7
保山市	612.39	4.0	259.7	5.4	4.1
昭通市	765.53	5.0	547.5	11.5	5.3
丽江市	309.29	1.9	128.5	2.7	1.6
普洱市	567.54	3.7	261.7	5.5	4.0
临沧市	550.82	3.5	252.0	5.3	3.4
楚雄州	846.72	5.6	273.9	5.8	3.6
红河州	1 333.79	8.9	468.1	9.8	5.9
文山州	735.88	4.8	362.1	7.6	6.4
版纳州	366.03	2.4	117.2	2.5	1.8
大理州	972.20	6.5	356.3	7.5	6.1
德宏州	323.55	2.1	129.4	2.7	2.6
怒江州	126.46	0.9	54.4	1.0	0.4
迪庆州	176.88	1.2	41.0	0.8	0.5
云南省	15 067.45	100.0	4 770.5	100.0	100.0

注：数据中的百分比存在舍入误差

资料来源：云南省统计局，国家统计局云南调查总队. 2017. 云南统计年鉴 2017. 北京：中国统计出版社

职业院校布局呈现出这种点状聚集型的状态会对云南省经济建设和社会发展产生诸多不利影响。一方面，其会造成同一个省域范围内不同州市域、县域的学龄青年接受职业教育的机会不平等；另一方面，职业学校的过度聚集也不利于边缘地区职业教育的大众化发展，甚至会影响整个省域的教育均衡。

截至 2016 年，云南省的三大产业构成为：第一产业占 14.9%，第二产业占 38.4%，第三产业占 46.7%。从产业结构上看，云南省的工业化比例有所提高，大体属于工业化的中期阶段，目前产业结构虽已进入"三、二、一"阶段，但第三产业还不够发达。产业结构的调整、升级以及主体功能区的建设，必然会引起各区域劳动力的客观流动。例如，农业劳动力向工业的流动，农村过剩的劳动力向城市转移，限制开发区域和禁止开发区域的人口向重点开发区域转移，技术进步和资本有机构成提高所引起的产业劳动力向服务行业转移，以及高科技产业的兴起引发的劳动力流动导致科技人员和管理人员比例急剧增加，等等。那么，劳动力合理流动的前提是什么呢？就是要具备有文化、懂技术的劳动力，显然，这只有通过多层次、多类型的教育才能实现。作为教育体系重要组成部分的职业技

术教育，特别是中等职业技术教育，在帮助劳动者选择适当的就业岗位和适应变化的就业机会，在适应产业结构调整、主体功能区建设所带来的劳动力客观流动方面发挥着无可替代的作用。因此，可以这样说，在云南省主体功能区的建设中，中等职业教育是应用型人才的主要培养途径，应进一步促进中等职业教育的发展，促进中等职业教育资源的均衡配置。

二、职业教育的层次结构

截至 2016 年 12 月 30 日，云南省共有 34 所独立设置的高等职业院校，有 374 所中等职业学校，还有 2 所初等职业学校，分布在全省各州、市、县。截至 2016 年 12 月，云南省各州市职业教育在校生数情况如表 2-3 所示。

表 2-3 2016 年云南省各州市职业教育在校生数情况表

省州市	高职院校在校生数/人	中等职业学校在校生数/人	初等职业学校在校生数/人
昆明市	—	173 398	0
曲靖市	—	68 731	0
玉溪市	—	22 629	0
保山市	—	19 780	0
昭通市	—	25 639	976
丽江市	—	7 570	0
普洱市	—	19 431	0
临沧市	—	16 616	0
楚雄州	—	17 495	0
红河州	—	28 570	172
文山州	—	31 165	0
版纳州	—	8 583	0
大理州	—	29 779	0
德宏州	—	12 636	0
怒江州	—	1 845	0
迪庆州	—	2 381	0
云南省	150 977	486 248	1 148

资料来源：中华人民共和国教育部发展规划司. 2016. 中国教育统计年鉴 2016. 北京：中国统计出版社；云南省教育厅. 2017. 2016 年云南教育事业统计摘要

表 2-3 显示，云南省的职业教育主要分为 3 个层次：高等职业教育、中等职业教育和初等职业教育。其中，初等职业教育的规模极小，仅约占职业教育总规

模的 0.2%，基本可忽略，即云南职业教育的层次主要由高等职业教育（约占职业教育总规模的 23.6%）和中等职业教育（约占职业教育总规模的 76.2%）组成，且中等职业教育规模较大，是云南职业教育发展的主体。

云南省的社会经济发展水平很不平衡。就经济发达地区来说，高新技术产业将逐步成为其主导和支柱产业。高新技术产业的发展对高层次、高素质技术应用型人才的大量需求，会促进本、专科层次高等职业教育的发展。因此，在经济发达地区以及重点开发区域，应以发展本、专科层次的高等职业教育为主，按照需求配置专科层次的高等职业教育资源，适度发展研究生层次的高等职业教育。在经济欠发达地区以及限制开发区域，应以发展专科层次、中等层次的职业教育为主，形成层次结构多元化的格局。总之，职业教育层次结构的调整与提升，应与经济发展水平和生产力发展水平相适应。

根据以上分析，如果云南职业教育的未来发展以州市为区划基本单元，那么昆明市应以发展本、专科层次的高等职业教育为主，适度发展研究生层次的高等职业教育；经济较为发达、主要承担重点开发主体功能的曲靖市、玉溪市、红河州、楚雄州、大理州应扩大专科层次的高等职业教育，按照需求配置本科层次的高等职业教育；人口较多、经济发达程度不高、承担的主体功能较为复杂的昭通市、保山市、临沧市、德宏州、版纳州等州市应加强中等职业教育的内涵式发展，包括专业设置的多元化、办学的特色化等；而人口较少、主要承担生态保护的主体功能，不适宜进行大规模、高强度的工业化和城镇化建设的丽江市、迪庆州、怒江州应保持现有职业教育发展规模，将发展重点放在中等职业教育的专业建设与该区域经济的适应性上。

三、职业教育的专业类型

云南省 2016 年末有 34 所高等职业院校和 374 所中等职业学校①，学校数量较大，且学校的类别较多，为了便于分析学校的专业设置和所在区域的产业布局、主体功能区规划是否适应，本书主要把各职业院校的专业设置按照与第一产业相关的专业、与第二产业相关的专业、与第三产业相关的专业作为分类标准来进行划分；在设置研究分析的单元尺度时，则按照现行的职业教育管理体制，高等职

---

① 云南省教育厅. 2017. 2016 年云南教育事业统计摘要.

业教育主要由省级教育行政部门来进行管理，且生源来源地主要覆盖全省的空间范围；中等职业教育由所在州、市、县级教育行政部门来进行管理，生源主要来自所在州、市、县的空间范围。故在分析高等职业院校的专业设置时，本书是以全省为研究单元和空间尺度来进行的；而在分析中等职业学校的专业设置时，本书是以州市为研究单元和空间尺度来进行的。这样能较为清晰地解析各州市的职业教育专业结构的现状及其适应性。

（一）云南高等职业教育的专业结构

从学校所属的类型来看，云南省的 34 所高等职业院校可分为 8 个大类，具体如表 2-4 所示。

表 2-4　2016 年云南高等职业院校学科类型结构表

类别	学校	占比/%
能源与土木建筑类（12 所）	云南国土资源职业学院	35
	云南交通职业技术学院	
	昆明工业职业技术学院	
	云南国防工业职业技术学院	
	云南机电职业技术学院	
	云南城市建设职业学院	
	云南工程职业学院	
	云南科技信息职业学院	
	云南能源职业技术学院	
	云南锡业职业技术学院	
	昆明铁道职业技术学院	
	云南水利水电职业学院	
农林类（4 所）	云南农业职业技术学院	12
	云南林业职业技术学院	
	玉溪农业职业技术学院	
	大理农林职业技术学院	
医药卫生类（6 所）	云南新兴职业学院	18
	昆明卫生职业学院	
	红河卫生职业学院	
	昭通卫生职业学院	
	大理护理职业学院	
	德宏职业学院	
体育类（1 所）	云南体育运动职业技术学院	3

续表

类别	学校	占比/%
艺术类（2所）	云南文化艺术职业学院	6
	昆明艺术职业学院	
管理与服务类（7所）	云南商务职业学院	20
	云南旅游职业学院	
	云南外事外语职业学院	
	云南经贸外事职业学院	
	云南现代职业技术学院	
	西双版纳职业技术学院	
	云南三鑫职业技术学院	
司法类（1所）	云南司法警官职业学院	3
财经类（1所）	云南财经职业学院	3

资料来源：2016 年全国高等学校名单. 2016. 中华人民共和国教育部政府门户网站. http://www.moe. gov. cn/srcsite/A03/moe_634/201606/t20160603_248263.html[2016-12-30]

如果在 2016 年云南高等职业学校的专业结构中，粗略地把医药卫生类、体育类、艺术类、管理与服务类、司法类、财经类归为与第三产业相关的学科类型学校的话，则第一产业类学校、第二产业类学校、第三产业类学校的构成比为 12∶35∶53，工科类学校偏少，与第三产业有关的学校偏多。

根据云南省招生考试院编写的《2016 年云南招生（中职、五年制高职院校招生计划版草案)》相关资料，详细整理各学校的所设专业，发现存在两种普遍现象：一是各学校在设置专业时，除了设置与本校的科类性质相关的专业之外，还设置了其他科类性质的专业，例如，云南林业职业技术学院是一所独立设置的林业类高等职业院校，但是在该校所设置的 29 个专业中，除了与林业、农业相关的森林资源保护与管理、园林技术、农业与农村用水、农村经济综合管理、中草药种植、现代林业技术、太阳能与沼气技术利用这 7 个专业之外，其他的 22 个专业又包括两类：一类是汽车运用与维修、市场营销、会计电算化、金融事务、国际商务、通信技术等 17 个与第三产业相关的专业；另一类是建筑工程施工、工程造价、道路与桥梁工程施工、机械制造技术、机电技术应用等 5 个与第二产业相关的专业。又如，云南锡业职业技术学院是一所典型的工科类高职院校，2016年在该校设置的 5 个高职专业中，机电一体化技术、电气自动化技术、建筑工程技术 3 个专业是与第二产业相关的专业，而另两个专业，即汽车检测与维修技术、会计与统计核算是与第三产业相关的专业。二是各学校所设置的专业趋同现象比较明显，例如，在 34 所高职院校之中，11 所院校都设置有旅游服务与管理专业，15 所院校都设置有市场营销专业，18 所院校都设置有计算机应用专业。

根据各学校设置专业的共同特点，对各高等职业院校所设置的专业按照与第一产业、第二产业、第三产业的相关性来进行更详细的划分，如表 2-5 所示。

表 2-5 2016 年云南高等职业院校专业设置数量简况表

学校	与第一产业相关的专业数/个	与第二产业相关的专业数/个	与第三产业相关的专业数/个
云南国土资源职业学院	0	19	11
云南交通职业技术学院	0	2	8
昆明工业职业技术学院	0	15	9
云南国防工业职业技术学院	0	2	2
云南机电职业技术学院	0	8	3
云南城市建设职业学院	0	6	7
云南工程职业学院	0	8	10
云南科技信息职业学院	0	5	7
云南能源职业技术学院	0	5	5
云南锡业职业技术学院	0	4	2
云南农业职业技术学院	5	3	3
云南林业职业技术学院	3	1	8
玉溪农业职业技术学院	4	2	4
昆明铁道职业技术学院	0	11	4
云南水利水电职业学院	0	7	0
大理农林职业技术学院	2	1	3
云南新兴职业学院	0	0	15
昆明卫生职业学院	0	0	6
红河卫生职业学院	0	0	6
德宏职业学院	0	2	8
昭通卫生职业学院	0	0	5
大理护理职业学院	0	0	4
云南体育运动职业技术学院	0	0	6
云南文化艺术职业学院	0	0	9
昆明艺术职业学院	0	0	11
云南商务职业学院	0	1	15
云南旅游职业学院	0	2	12
云南外事外语职业学院	0	2	17
云南经贸外事职业学院	0	10	21
云南现代职业技术学院	0	4	6

续表

学校	与第一产业相关的专业数/个	与第二产业相关的专业数/个	与第三产业相关的专业数/个
西双版纳职业技术学院	0	0	7
云南三鑫职业技术学院	0	6	8
云南司法警官职业学院	0	0	1
云南财经职业学院	0	0	2
合计（385个专业）	14（3.6%）	126（32.7%）	245（63.7%）

资料来源：云南省招生考试院.2016.2016年云南招生（中职、五年制高职院校招生计划版草案）.昆明：云南教育出版社

在表 2-5 中，与第一产业、第二产业、第三产业相关的专业设置比为 3.6：32.7：63.7，与第一产业相关的专业和与第二产业相关的专业设置明显不足，而与第三产业相关的专业设置过多。

通过分析各院校的招生专业可以发现，云南省高等职业院校所设置的专业中与第三产业相关的专业偏多，并存在两种普遍现象：一是各学校在设置专业时，除了设置与本校的科类性质相关的专业之外，还设置了其他科类性质的专业，呈现出专业设置多元化的趋势；二是各学校所设置的专业趋同现象明显，如计算机应用和旅游服务与管理专业在大部分院校中均有设置，覆盖率较高。

特别值得注意的是，云南省的主体功能区规划中有很大比例的区域被划分为限制开发区域和禁止开发区域，在这些区域中，主体功能主要确定为保护和修复生态环境，提供安全的农产品和生态产品，可见，环境保护和生态保护被列为这些区域的主要发展任务，而在云南省高等职业院校的专业设置中没有相关专业的开设，这是与主体功能区建设不相适应的，是需要增设的。

（二）云南中等职业教育的专业结构

本部分分别对云南省 16 个州市的中等职业教育专业结构进行了梳理，并把专业结构对照各州市的发展现状、产业布局，以及主体功能区规划进行适应性分析。从云南省 16 个州市中等职业教育的专业设置情况来看，昆明市的中等职业教育专业结构是最全面的，所设置的专业相关度较高，涉及面广，与社会经济的发展紧密联系，专业设置是全面和合理的，与昆明市的经济社会发展和主体功能区规划是相适应的。

由于昆明市的中等职业学校较多，不能一一列举各学校所设置专业的情况，现把 2016 年昆明市各中等职业学校所设置专业的情况汇总，具体如表 2-6 所示。

表 2-6　2016 年昆明市中等职业教育专业设置情况表

产业相关性	专业类别	专业名称
与第一产业相关的专业	农业类	现代农艺技术、畜禽生产与疾病防治、畜牧兽医、农村经济综合管理、中草药栽培技术、设施农业技术、农业机械使用与维护、农产品保鲜与加工、果蔬花卉生产技术、烟草生产与加工、农村电气技术
	林业类	园艺技术、园林技术、园林绿化、现代林业技术
与第二产业相关的专业	资源环境类	地质调查与找矿、钻探工程技术、掘进工程技术、地图制图与地理信息系统、地质与测量、环境保护与检测、采矿技术、钢铁冶炼、石油与天然气储运、矿山机电、矿山测量、矿井通风与安全、岩矿分析与鉴定技术、资源环境与城市管理、地球物理勘查技术、地质灾害与防治技术、工程地质勘查、矿山地质、矿物加工技术
	土木水利类	建筑工程施工、建筑装饰、工程造价、工程监理、建筑工程管理、工程材料检测技术、水利水电工程施工、供用电技术、水电厂机电设备安装与运行、风电场机电设备运行与维护、市政工程施工、道路桥梁工程施工、城镇规划、城镇建设、楼宇智能化设备安装与运行、土建工程测量、消防工程技术、电站运行与检修、土建工程检测、木材加工、石材开发与应用、电梯运行与维护、材料工程技术
	加工制造类	机电设备安装与维修、生物化工、生物技术制药、中药制药、食品生物工艺、药品分析与检验、药物制剂、硅酸盐工艺及工业控制、焊接技术应用、电气技术应用、数控技术应用、化学工艺、制冷和空调设备运行与维修、机床切削加工、工业自动化仪器仪表装配与维护、化工分析与检验、机电一体化、工业机器人应用与维修、煤化工
与第三产业相关的专业	交通服务类	航空服务、汽车运用与维修、汽车美容与装潢、铁道运输管理、汽车整车与配件营销、电力机车运用与检修、内燃机车运用与维修、铁道施工与养护、铁道车辆运用与维修、城市轨道交通车辆运用与维修、城市轨道交通运营管理、电气化铁道供电、铁道信号
	信息技术类	计算机应用、计算机网络技术、计算机平面设计、计算机动漫与游戏制作、计算机与数码产品维修、电子与信息技术、电子技术应用、邮政通信管理、通信技术、通信运营服务、客户信息服务、有线通信技术、新一代移动通信技术应用、软件与信息服务、网站建设与管理
	财经商贸类	市场营销、电子商务、会计、会计电算化、物流服务与管理、金融事务、商务英语、房地产营销与管理、财务管理
	旅游服务类	旅游服务与管理、酒店服务与管理、中餐烹饪与营养膳食、西餐烹饪、珠宝玉石鉴定与营销、导游服务、普通话导游、泰语导游、高星级饭店运营与管理、旅游外语
	文化艺术体育类	民族音乐与舞蹈、民族工艺品制作、艺术设计、杂技艺术、服装设计与工艺、服装展示与礼仪、室内艺术设计与制作、音乐、舞蹈表演、戏曲表演、播音与节目主持、器乐表演、社会文化艺术、工艺美术、美术绘画、乐器修造、计算机音乐制作、运动训练、休闲体育服务与管理
	司法与公共管理服务类	产品质量监督与检验、商品储藏与检验、工商行政管理事务、文秘、学前教育、法律事务、物业管理、社区法律服务、护理、农村医学、药剂、药品分析与检验、中药、老年人服务与管理、中医、助产、医学影像技术、医学检验技术、康复技术、口腔修复工艺、卫生信息管理、医疗器械维修与营销、保安、社区康复、人力资源管理、保险事务、休闲服务与管理
	生活服务类	电子电器应用与维修、办公设备维修、服装制作与生产管理、美发与形象设计、茶艺、美容美体、家政服务

资料来源：云南省招生考试院. 2016. 2016 年云南招生（中职、五年制高职院校招生计划版草案）. 昆明：云南教育出版社

昆明市是云南省的文化教育中心，聚集了全省近 68%的高等职业教育资源和近 20%的中等职业教育资源。[①]从昆明市的中等职业教育专业设置的情况来看，涉及第一产业、第二产业、第三产业的专业都有设置，并且所设置的专业相关度较高，涉及面广，特别是与第三产业相关的专业设置涉及交通服务、信息技术、财经商贸、旅游服务、文化艺术体育、司法与公共管理服务、生活服务等七大类，涉及服务业的方方面面，而且和社会经济的发展紧密联系，专业设置是全面和合理的，与昆明市的经济社会发展和主体功能区规划是相适应的。

通过对各州市中等职业教育所设置的专业进行整理（各州市的专业设置情况将在本书第五章和第六章中详细列出），按照相关对接的产业分类，考察各州市中等职业教育专业结构与所在州市的产业结构，以及与所在州市主体功能定位的适应度，各州市中等职业教育专业结构适应度情况如表 2-7 所示。

表 2-7   2016 年云南省各州市中等职业教育专业结构适应度情况表

州市	专业结构	专业结构与所在州市产业结构的适应度	专业结构与所在州市主体功能的适应度
昆明市	专业数量多，覆盖面广，服务面向全省	适应度高	适应度高
曲靖市	专业数量较多，覆盖面较广	适应度高	适应度高
玉溪市	与第二产业相关的专业较少，涉及生态与环境保护的专业无设置	适应度较高	适应度较高
保山市	专业数量较少，与第三产业相关的专业设置不足	基本适应	基本适应
昭通市	专业数量较少，与第一产业、第二产业相关的专业设置不足	不适应	不适应
丽江市	专业数量少，与第一产业相关的专业设置不足，涉及环境和生态保护、文化产业管理方面的专业无设置	不适应	不适应
普洱市	专业设置合理	适应度较高	适应度较高
临沧市	专业设置合理	适应度较高	适应度较高
楚雄州	专业数量较少，与第一产业、第三产业相关的专业设置不足	不适应	不适应
红河州	专业数量较少，与第二产业相关的专业设置不足，涉及环境保护的专业无设置	不适应	不适应
文山州	专业设置合理	适应度较高	适应度较高
版纳州	专业数量少，与第二产业相关的专业无设置，涉及生态和环境保护的专业无设置	不适应	不适应

① 资料来源：云南省教育厅. 2017. 2016 年云南教育事业统计摘要；教育部. 2016 年全国高等学校名单. http://www.moe.gov.cn/srcsite/A03/moe_634/201606 /t20160603_248263.html[2016-12-30].

续表

州市	专业结构	专业结构与所在州市产业结构的适应度	专业结构与所在州市主体功能的适应度
大理州	专业数量较少,与第三产业相关的专业设置不足	不适应	不适应
德宏州	专业数量较少,与第一产业相关的专业设置不足,涉及生态和环境保护的专业无设置	不适应	不适应
怒江州	专业数量少,与第一产业、第三产业相关的专业设置不足,不利于劳动力转移	不适应	不适应
迪庆州	专业数量少,但是专业设置的适应度高	适应度较高	适应度较高

我们在研究中发现,中等职业教育专业数量的多少并不完全代表着专业类型的适应性的强弱,较小规模的专业数量和专业结构也在某种程度上对该区域内的支柱产业、重点产业布局有所支撑。

举例说明,迪庆州是云南省唯一的藏族自治州,具有独特的区位优势。它位于云南省西北部,地处滇、川、藏三省区接合部的青藏高原南延地段,是世界自然遗产"三江并流"的腹心区,是云南省连接四川和西藏的重要通道,是金沙江、澜沧江、怒江的上游地区。迪庆州的环境和生态保护是金沙江、澜沧江、怒江中下游地区建立良好的生态体系的坚实基础,也为我国长江中下游地区和中南半岛国家的长远发展奠定了基础。迪庆州的自然环境的一大特征就是水资源异常丰富,全州共有大小支流 221 条,水能蕴藏量达 1650 万千瓦,占全省的 15%。可开发利用水能资源在 1370 万千瓦以上。①因而,水电业是迪庆州的支柱产业之一。在迪庆州的人文环境中,多民族共融,多宗教并存,造就了其鲜明的文化特色和旅游资源。世居在迪庆州的有藏族、傈僳族、汉族、纳西族、白族、回族、彝族、苗族、普米族等 9 个民族,各民族的语言、文化各异,但长期以来亲善相依,形成了迪庆州人文景观中一道亮丽的风景。得益于丰富的资源以及有力的政策支持,2016 年,迪庆州的人口数为 41.0 万人,是云南省人口数最少的市州,而人均 GDP 为 43 247 元,位居全省第三位,仅位列昆明市和玉溪市之后(云南省统计局,国家统计局云南调查总队,2017)。

2016 年,迪庆州没有高等职业院校,仅有 1 所普通中专和 4 所职业高中,在校生人数为 2381 人,职业教育规模位于全省第 15 位,比怒江州的规模稍大一些

① 迪庆州人民政府门户网站. 魅力迪庆. http://www.diqing.gov.cn[2016-12-30].

（怒江州职业教育在校生人数为 1845 人）（云南省教育厅，2017）。迪庆州的维西傈僳族自治县职业高级中学结合社会主义新农村建设，采用"农、科、教"相结合的办学模式，开设了以种植、养殖为主的农村综合经营专业和畜牧兽医专业；立足"三江并流"世界自然文化遗产和傈僳族民间歌舞"阿尺木刮"等非物质文化遗产的开发、传承和保护，设置了民族歌舞、旅游服务与管理专业；根据地方产业布局的需要，为满足当地水电业发展所需的技能型人才，设置了水利水电工程施工专业。由于办学定位准确，服务面向明确，维西傈僳族自治县职业高级中学的办学规模逐步扩大，办学效益逐渐提高。可见，随着职业院校所处位置的层级逐步低移，学校专业设置的适应性更强，办学定位与培养方向也更加清晰。

经过整理和分析可知，云南省中等职业教育的专业结构基本趋于多元化，但其内部布局并不合理。第三产业相关专业的发展显示出了绝对的优势，而第一、二产业相关专业的规模相对较小，发展速度缓慢，尤其是第一产业仍在下滑，造成云南省中级应用型人才结构失衡，第三产业人才过剩，第一、二产业技术人才严重不足，与生态和环境保护相关的专业普遍无设置，和主体功能区建设的需求不完全适应。

四、职业教育的形式构成[①]

按照学生学习形式的不同，职业教育的形式可以分为普通职业教育和成人职业教育两种形式。在云南的高等职业教育中，全部为普通职业教育；在中等职业教育中，成人职业教育主要以职业技术培训为主，以小规模的成人中专教育为辅。2016 年，云南省共有中等职业教育在校生 618 408 人，而成人中专在校生仅有 1903 人（云南省教育厅，2017），所占比例极小，基本可以忽略。所以，云南省职业教育的形式结构较为单一，主要以普通职业教育为主。

按照学校所有制形式和办学经费来源的不同，职业教育又可以分为公办职业教育和民办职业教育两种形式。2016 年，在云南省的职业教育中，34 所高等职业院校之中公办的有 23 所，民办的有 11 所，高等职业教育中约 2/3 的教育资源属于公办职业学校，约 1/3 由民办职业学校组成（云南省教育厅，2017）；中等职业教育中，约 90% 的中等职业学校为公办职业学校，约 10% 的中等职业学校为民

[①]　云南省教育厅. 2017. 2016 年云南教育事业统计摘要.

办职业学校。职业教育的办学层次越高，民办职业教育所占的比例越大；办学层次越低，民办职业教育所占的比例越小。

从两种形式结构来看，云南职业教育的形式构成较为单一，而在云南省主体功能区的建设中，劳动力从限制开发区域、禁止开发区域向重点开发区域的迁移，以及农村劳动力向城市的转移，都需要职业教育提供大量的职业技术培训，因此，应大力发展成人职业教育，并且随着职业教育发展的层次高移，基于办学经费不足等现实困难，对民办职业教育的发展力度也应逐步加大。

第三章
云南职业教育区划的基本原则、主要方法与分类评价指标体系

云南职业教育区划是否科学合理，是否有利于云南职业教育的分类指导和分类发展，很大程度上取决于区划的基本原则、主要方法和分类评价指标体系。本章在遵循区域规划一般原则的基础之上，提出了云南职业教育区划的基本原则，包括全面、协调、可持续发展的原则，突出区域优势与自身特色的原则，适度超前的原则，效益原则。

第一节　云南职业教育区划的基本原则

《全国主体功能区规划》中明确提出：本规划是涉及国土空间开发的各项政策及其制度安排的基础平台。各有关部门要根据本规划调整完善现行政策和制度安排。在《全国主体功能区规划》的指导下，云南省根据省情，制定出了《云南省主体功能区规划》。《云南省主体功能区规划》是对全省未来的空间开发做出的总体部署，是制定其他各类空间规划的基本依据，也是我们制定云南职业教育区划的根本出发点。

在《云南省主体功能区规划》颁布之后，云南省整个省域被划分为重点开发区域、限制开发区域、禁止开发区域三种主体功能区类型。具体到 16 个州市，每个州市都包含有三种主体功能区类型。从省域的空间尺度上看，16 个州市应分别按照《云南省主体功能区规划》，调整各州市的发展战略，全省各州市分工合

作，协调发展，互相补充，促进全省的经济社会发展。从州市域的空间尺度上看，各州市也需要按照本州市的规划，做好三种类型主体功能区的建设，使三种区域协调发展，互相补充，兼顾经济发展、生态环境建设和自然资源的合理开发，促进本州市的经济社会和谐发展。

根据我国现行的职业教育管理体制，县域的中等职业教育由县级教育行政部门来进行管理，州市域的中等职业教育由州市级教育行政部门进行管理，州市级教育行政部门对所辖县域的职业教育有统筹管理的职责。高等职业教育由省级教育行政部门进行管理，省级教育行政部门对全省的各层级职业教育负有统筹管理的职责。从便于从整体上组织、计划、协调和控制区域职业教育发展的原则出发，云南职业教育区划以州市域为空间单位来进行。

我们在制定职业教育区划的过程中，主要以州市为基本单元，从空间布局、层次结构、专业设置、形式构成四个方面来合理调整职业教育结构，一方面使区域职业教育与区域经济发展相协调，与主体功能区建设相适应；另一方面使区域职业教育内部分工有序、结构优化、比例合理。

一、全面、协调、可持续发展的原则

区域职业教育是一个综合体，按照行政管理的层级，又可划分为县域、州市域、省域三个层级，各层级的职业教育综合体主要以所处区域的经济发展为基础，为区域培养应用型人才。各职业教育机构既在办学层次、类型和培养学生等方面独立运行，又在综合体内实现科学分工、资源共享，共同为区域经济发展服务。

因而，制定职业教育区划必须遵循全面、协调、可持续发展的原则，统筹规划各层级职业教育综合体内职业教育资源的空间分布、层次结构、专业结构和形式结构，不仅要考虑该层级的结构，还要考虑各层级之间的协调；不仅要考虑当前各层级的构成，还要以可持续发展为原则，制定出符合职业教育发展规律、具有前瞻性的规划，最终要形成各层级结构合理、层级之间相互协调、各具特色、相互补充的区域职业教育综合体，共同形成合力，推动职业教育的整体发展。

二、突出区域优势与自身特色的原则

因地制宜，发挥优势，是区域规划最基本的原则，也是区域职业教育生存与发展的基础。区域职业教育发展目标的建立必须遵循突出优势和自身特色的原则，实行特色定位、错位发展，逐步形成功能定位清晰、发展导向明确、与区域的主体功能相适应的区域教育发展新格局。

三、适度超前的原则

制定区域职业教育区划的目的在于明确区域职业教育发展的方向，设定区域职业教育发展的理想状态和理想模式。《云南省主体功能区规划》是云南省各区域在未来一段发展时期内的发展规划，制定相应的职业教育区划就是要以区域职业教育的发展促进各区域的主体功能得以实现。可以说，职业教育区划既要解决区域职业教育发展过程中存在的问题，与区域经济协调发展，同时又要着眼长远，与未来发展水平相适应，必须以超前的思路引领区域职业教育健康、可持续发展，适应与推动主体功能区的建设。

四、效益原则

教育区划的制定应坚持经济、社会等效益最大化的原则。教育事业的发展过程，就是教育事业投入、人才培养、人才利用的过程。发展教育事业要求遵循消耗较少的人力、物力、财力的原则，培养出更多素质更高的人才，与物质生产一样也存在着经济效益。同时，教育事业还具有明显的社会价值，具有长期性，要体现教育公平。因此，在教育区划的制定过程中，要提高教育资源的利用率，增强教育的服务功能，创新机制，整合资源，实现区域教育发展效益的最大化，使教育资源得到合理配置，实现教育资源配置过程中公平性和高效性的统一。

第二节　云南职业教育区划的主要方法

教育区划就是划分教育区域，且在同一教育区域内的地区必须具有某种同质性（杨景平，2005：40）。云南省域的职业教育在进行区划之后就转化为各分区的区域职业教育的组合体。

简单地说，区域职业教育是指一定经济区域内的职业教育，它建立在区域经济基础之上，随着职业教育的发展而形成各具特色的，并以与其密切联系为基础的、为区域经济发展培养应用型人才或劳动者为目标的区域职业教育的综合体（张玉琴，2005：102）。它具有以下特点：首先，区域职业教育具有综合性，即它不是简单的联合体，而是经过整体规划，具有明确目标、组织机构、管理体制和运行机制的职业教育综合体（张玉琴，2005：102）。各职业教育机构在目标、层次、类型、运行等方面具有独立性，同时在综合体内科学分工，实现资源共享。区域职业教育不仅反映了区域劳动力的构成结构，还反映了其产业结构、技术结构。其次，职业教育的培养目标决定了职业教育具有鲜明的区域性。职业教育院校毕业生的流动性不大，远远低于普通高等教育毕业生，绝大部分是"自产自销"，从某种意义上说是"地方"人才，是区域经济建设的最主要力量。

根据我国现行的职业教育管理体制，从便于管理、便于统筹规划的原则出发，云南职业教育区划工作以州市域为基本空间单位来进行。

一、数据来源

云南职业教育区划的数据按照两个原则进行采集和筛选：一是选择与研究目的紧密相关的数据，剔除与研究目的不相关或关系不明确的数据；二是所选取数据具有可获得性，且连续、可靠，需确保职业教育领域的数据和经济社会领域的数据在年度上具有对应性。现对本书中使用的数据来源从空间和时间两个维度来加以说明。

空间维度上，本书所能获取的大部分数据是以传统的行政区划为单位进行统计的，特别是云南职业教育的一些基本数据都是以州市为单位进行统计的，加之对云南省主体功能区的划分研究不属于本书关注的主要问题，因此，本书对云南职业教育区划的实证分析运用的数据是建立在传统的行政区划基础上的。

受州市级和县级行政单位统计数据的完整性、可获得性和连续性的限制，而且考虑到所制定的区划方案和分区发展思路得以实施的可行性，相比较而言，州市这一级的职业教育更加有利于规划、管理和实施，因而，本书将样本的空间尺度确定为云南省 16 个州市这个空间层次。

时间维度上，因数据的获取受到较大的限制，能够得到的最新配套数据的时间跨度为 2010—2016 年。主要原因包括：云南统计年鉴的出版时间存在一定的滞后性，本书可以获得的比较完整的数据目前只到 2016 年末为止；为使职业教育领域的数据和经济社会领域的数据在年度上具有对应性，云南省及各州市的职业教育发展状况数据主要依据云南省教育厅编写的《2016 年云南教育事业统计摘要》（内部资料）和云南省招生考试院编写的《2016 年云南招生（中职、五年制高职院校招生计划版草案)》整理而得。

本书中的数据主要来源于 2011—2017 年云南统计年鉴、2010—2016 年云南教育事业统计摘要、2010—2016 年云南招生（中职、五年制高职院校招生计划版草案）。2011—2017 年云南统计年鉴的统计数据，包括了云南省 2010—2016 年全省各州市的人均 GDP、年末总人口数、城镇人口数等基本数据。2010—2016 年云南教育事业统计摘要的统计数据，包括了云南省 2010—2016 年高等职业院校数、中等职业学校数、中等职业学校在校生数等数据，还包括了全省各州市的中等职业学校数、在校生数、中职学校生师比、中职学校固定资产值等数据。2010—2016 年云南招生（中职、五年制高职院校招生计划版草案）的资料内容，包括了云南省 2010—2016 年各职业院校的招生专业设置及招生人数等信息。对以上数据进行收集和处理，构成了云南职业教育区划所需的基础数据。

二、指标选取与研究方法

对于云南职业教育区划的分类评价指标体系，首先通过专家咨询法来收集、过滤指标，初步拟定指标体系的构成以及指标权重；其次，采用 SPSS 统计软件中的皮尔逊相关系数作为分析指标，来验证先前运用专家咨询法获取的指标与云南职业教育发展之间的相关关系。经过拟定和验证，最终确立云南职业教育区划的分类评价指标体系。

第三节　云南职业教育区划的分类评价指标体系

一、区划分类评价指标体系的拟定

《云南省主体功能区规划》背景下的云南职业教育区划涉及的因素纷繁复杂，既要考虑职业教育的影响因素，考虑云南省主体功能区建设的需求，也要考虑区域职业教育的现有发展水平，还要考虑区域职业教育的未来发展潜力。按照区域职业教育的发展规律，以及职业教育区划的影响因素，本书运用专家咨询法，拟确定职业教育区划的一级指标体系为社会经济发展水平、职业教育发展水平两个维度。

第一个维度是社会经济发展水平，主要包括区域经济发展水平和社会经济结构两个方面。区域职业教育的发展主要依赖于区域经济发展水平和社会经济结构对其的支撑能力，二者是区域职业教育可持续发展的基础，也是区域职业教育发展的潜在动力，应给予优先考虑，因而把经济发展水平和社会经济结构确定为社会经济发展水平的二级指标。而人均 GDP 是区域经济发展水平的重要标志，人口数、城市化率是区域社会经济结构的重要指标，因而区域经济发展水平的三级指标确定为人均 GDP，区域社会经济结构的三级指标确定为人口数和城市化率两个主要指标。

第二个维度是职业教育发展水平。按照职业教育的发展规律，职业教育的现有发展水平主要体现为职业教育规模和办学条件，而职业教育规模主要表现为学校数、在校生数等。职业教育办学条件主要体现在两个方面：一是教育中的主体要素——师资的状况，通常用生师比、教师的学历合格率等指标来衡量；二是教育活动得以实施必须具备的物质条件，如固定资产、占地等，通常用固定资产值、占地面积等指标来衡量。在职业教育办学条件这个二级指标中，由于高等职业教育资源主要分布在昆明市，除昆明市以外的州市中，红河州、大理州有 2 所高等职业院校，玉溪市、曲靖市、昭通市、楚雄州、文山州、德宏州、版纳州分别有 1 所高等职业院校，其他 6 个州市没有开设高等职业院校，除昆明市之外的其他州市在高等职业教育办学条件上的区分度很小，不利于分区，因此，职业教育办学条件这个二级指标下的三级指标由中等职业学校的办学条件构成，包括中等职业学校的生师比、专任教师学历合格率、固定资产值和占地面积等。

在初选的基础上，运用专家咨询法，通过对教育管理、职业教育领域的专家进行深度访谈、问卷调查，对调查材料进行收集、整理、筛选，以及依据云南职业教育和主体功能区规划的实际情况，按照可获得性、可应用性、可量化及科学性原则（潘玉君等，2011：8），选取 10 个代表性分指标，组成指标体系，对云南职业教育进行分类评价，分类评价指标体系的构成如表 3-1 所示。

表 3-1   云南职业教育区划指标体系表（初拟）

一级指标	二级指标	三级指标
社会经济发展水平	经济发展水平	人均 GDP
	社会经济结构	人口数
		城市化率
职业教育发展水平	职业教育规模	高等职业院校数
		中等职业学校数
		中等职业学校在校生数
	职业教育办学条件	中等职业学校生师比
		中等职业学校专任教师学历合格率
		中等职业学校固定资产值
		中等职业学校占地面积

二、区划分类评价指标体系的确定

为验证分类评价指标体系的可靠性和科学性，本书选用 2016 年的数据，采用 SPSS 统计软件中的皮尔逊系数来检验各三级指标设置的科学性。在充分利用现有统计数据的基础上，采集了 10 项横截面数据资料，2016 年云南省各州市社会经济和职业教育发展水平的主要指标如表 3-2 和表 3-3 所示。

表 3-2   2016 年云南省各州市社会经济和职业教育发展水平主要指标数值表（一）

州市	人均 GDP/元	人口数/万人	城市化率/%	高职院校数/所	中职学校数/所
昆明市	64 156	672.8	71.0	23	78
曲靖市	29 155	608.4	45.6	1	31
玉溪市	55 389	237.5	49.0	1	20
保山市	23 654	259.7	33.8	0	11

续表

州市	人均 GDP/元	人口数/万人	城市化率/%	高职院校数/所	中职学校数/所
昭通市	14 040	547.5	31.5	1	29
丽江市	24 116	128.5	37.4	0	11
普洱市	21 737	261.7	40.7	0	25
临沧市	21 906	252.0	39.0	0	19
楚雄州	30 948	273.9	42.3	1	25
红河州	28 588	468.1	45.1	2	37
文山州	20 362	362.1	39.0	0	27
版纳州	31 338	117.2	45.2	1	10
大理州	27 360	356.3	44.0	2	29
德宏州	25 150	129.4	43.3	1	12
怒江州	23 289	54.4	30.1	0	5
迪庆州	43 247	41.0	32.9	0	5

注：高职院校为高等职业院校的简称，中职学校为中等职业学校的简称，下同

资料来源：云南省统计局，国家统计局云南调查总队. 2017. 云南统计年鉴 2017. 北京：中国统计出版社；云南省教育厅. 2017. 2016 年云南教育事业统计摘要

表 3-3　2016 年云南省各州市社会经济和职业教育发展水平主要指标数值表（二）

州市	中职学校在校生数/人	中职学校生师比	中职学校专任教师学历合格率/%	中职学校固定资产值/万元	中职学校占地面积/亩[①]
昆明市	173 398	31.15	84.62	143 732.20	3 636.81
曲靖市	68 731	26.01	93.87	345 387.86	3 806.76
玉溪市	22 629	16.06	94.61	63 943.60	1 345.03
保山市	19 780	17.64	95.45	29 484.15	890.07
昭通市	25 639	18.85	90.00	76 601.79	1 374.32
丽江市	7 570	14.90	91.54	22 080.87	570.77
普洱市	19 431	15.82	90.23	28 050.29	2 287.18
临沧市	16 616	23.50	85.29	60 954.08	907.07
楚雄州	17 495	17.57	91.06	28 294.96	1 051.78
红河州	28 570	17.90	87.47	70 129.19	2 345.50
文山州	31 165	17.86	85.04	135 871.36	2 746.83
版纳州	8 583	25.77	96.40	8 537.58	307.15
大理州	29 779	22.11	89.38	74 673.76	1 492.10
德宏州	12 636	25.84	87.73	19 177.37	794.15
怒江州	1 845	8.50	84.33	5 695.50	294.30
迪庆州	2 381	12.66	93.09	42 577.40	546.47

①1 亩≈666.7 平方米

资料来源：云南省教育厅. 2017. 2016 年云南教育事业统计摘要

采用 SPSS 统计软件中的皮尔逊系数来检验表 3-2、表 3-3 中人均 GDP、人口数、城市化率三个因素对职业教育办学规模的影响，检验结果如表 3-4 所示。

表 3-4   人均 GDP、人口数、城市化率与云南省职业教育办学规模相关性数据表

影响因素	相关性	高职院校数	中职学校数	中职在校生数
人均 GDP	Pearson 相关性	0.689**	0.519*	0.618*
	显著性（双侧）	0.003	0.039	0.011
人口数	Pearson 相关性	0.549*	0.839**	0.759**
	显著性（双侧）	0.028	0.000	0.001
城市化率	Pearson 相关性	0.873**	0.835**	0.862**
	显著性（双侧）	0.000	0.000	0.000

注：*在 0.05 水平（双侧）上显著相关；**在 0.01 水平（双侧）上显著相关

从表 3-4 中可以发现，人均 GDP 和高职院校数的相关系数 $r=0.689$，并且 $p=0.003<0.01$，说明在置信度 0.99 上是可信的，人均 GDP 和高职院校数呈中度正相关；人均 GDP 和中职学校数的相关系数 $r=0.519$，并且 $p=0.039<0.05$，说明在置信度 0.95 上是可信的，人均 GDP 和中职学校数呈中度正相关；人均 GDP 和中职在校生数的相关系数 $r=0.618$，并且 $p=0.011<0.05$，说明在置信度 0.95 上是可信的，人均 GDP 和中职在校生数呈中度正相关。

人口数和高职院校数的相关系数 $r=0.549$，并且 $p=0.028<0.05$，说明在置信度 0.95 上是可信的，人口数和高职院校数呈中度正相关；人口数和中职学校数的相关系数 $r=0.839$，并且 $p=0.000<0.01$，说明在置信度 0.99 上是可信的，人口数和中职学校数呈中度正相关；人口数和中职在校生数的相关系数 $r=0.759$，并且 $p=0.001<0.01$，说明在置信度 0.99 上是可信的，人口数和中职在校生数呈高度正相关。

城市化率和高职院校数的相关系数 $r=0.873$，并且 $p=0.000<0.01$，说明在置信度 0.99 上是可信的，城市化率和高职院校数呈高度正相关；城市化率和中职学校数的相关系数 $r=0.835$，并且 $p=0.000<0.01$，说明在置信度 0.99 上是可信的，城市化率和中职学校数呈高度正相关；城市化率和中职在校生数的相关系数 $r=0.862$，并且 $p=0.000<0.01$，说明在置信度 0.99 上是可信的，城市化率和中职在校生数呈高度正相关。

经检验，职业教育的规模与区域人口数、区域的城市化率呈高度正相关，与区域人均 GDP 呈中度正相关，即区域的人口数、城市化率、人均 GDP 都是职业教育规模的影响因素。

经过运用皮尔逊系数方法的验证,明确分类评价指标体系的各项指标构成有效。然后,使用专家咨询法,对各指标的权重予以赋值,对所回收的各项指标赋值取均值,确定云南职业教育区划分类评价指标体系(表 3-5)。

表 3-5 云南职业教育区划分类评价指标体系表

一级指标	指标权重	二级指标	指标权重	三级指标	指标权重
社会经济发展水平	0.45	经济发展水平	0.27	人均 GDP	0.270
		社会经济结构	0.18	人口数	0.090
				城市化率	0.090
职业教育发展水平	0.55	职业教育规模	0.28	高等职业院校数	0.084
				中等职业学校数	0.084
				中等职业学校在校生数	0.112
		职业教育办学条件	0.27	中等职业学校生师比	0.081
				中等职业学校专任教师学历合格率	0.054
				中等职业学校固定资产值	0.081
				中等职业学校占地面积	0.054

本章主要以第三章确立的区划分类评价指标体系为基础，分析每一个区划要素，并根据指标体系的构成和权重，从三级指标开始，按照算式逐级合成指标，依据指标合成的数据，对云南省 16 个州市的社会经济发展水平和职业教育发展水平进行评价和分类，运用模糊综合评价法，把分类结果转化为对云南省域的职业教育进行区域划分，确定云南职业教育区划方案。

第一节　云南职业教育区划的要素分析

根据第三章的分析，云南职业教育区划的要素包括三个层次：一级指标的要素是社会经济发展水平和职业教育发展水平共 2 个要素；二级指标的要素包括经济发展水平、社会经济结构、职业教育规模和职业教育办学条件共 4 个要素；三级指标的要素包括人均 GDP、人口数、城市化率、高等职业院校数、中等职业学校数、中等职业学校在校生数、中等职业学校生师比、中等职业学校专任教师学历合格率、中等职业学校固定资产值、中等职业学校占地面积共 10 个要素。

一、社会经济发展水平

社会与经济是人类存在和发展的基础，是导致人类社会生活发展变化的决定性因素，也是影响职业教育发展变革的决定性因素。一定的社会经济发展水平为职业教育的发展提供了经济条件。职业教育的发展，需要人力、物力、财力的投入，这些都需要以一定的经济发展水平为基础，为职业教育的发展提供物质保障。社会经济发展水平的高低决定着教育培养的应用型人才的数量和规格，制约着职业教育发展的规模与速度。社会经济的发展也对职业教育的发展提出一定的要求。社会经济发展水平的逐步提高，要求职业教育进一步提供人力资源保障，这种要求不断推动着职业教育的发展。

在制定职业教育区划时，社会经济发展水平是必然要纳入的要素。社会经济发展水平又包括两个维度：一个是经济发展水平；另一个是社会经济结构。在经济发展水平的测量中，人均 GDP 是人们公认的指标之一。在社会经济结构中，一个主要的要素是人口数，人口数是决定职业教育发展规模、空间分布的重要依据；另一个要素是城市化率，城市化率与产业结构密切相关，并且对人才需求产生直接影响，城市化率高的地区对高层次人才的需求要高于城市化率低的地区。

（一）经济发展水平

经济发展水平决定着区域对职业教育的需求水平和保障程度，主要由人均 GDP 来体现。人均 GDP 是评价一个地区的生产力水平和经济发展的主要数量指标。职业教育是劳动力再生产的重要途径，同时，区域职业教育发展所需的投入依赖于区域的经济发展水平，受制于区域生产力水平的提升与经济发展对应用型人才的需求，职业教育发展状况也是区域生产力发展水平的重要体现。

在《云南省主体功能区规划》中，原有生产力发展水平和经济发展水平较高的地区，一般被规划为重点发展区域，这些区域承担着支撑全省经济增长的重要增长极、带动和辐射其他区域发展、发展高新技术产业、聚集人口的功能，这些区域的职业教育原有的发展基础较好，未来的发展方向应该是调整专业设置、提升层次、满足人民群众多元化的学习需求等；而原有生产力发展水平和经济发展水平较低的区域，一般被规划为限制开发区域或禁止开发区域，这些区域承担的是保护生态环境、推进现代农业建设等功能，职业教育的主要任务是增强劳动力转移就业能力，提高人口综合素质，积极开展农村实用技术人才的培养，以利于主体功能的建设和人口有序向重点开发区域的转移。因此，区域经济发展水平和生产力水平是云南职业教育区划的要素之一。

以 2016 年数据为例，2016 年云南省各州市人均 GDP 如表 4-1 所示。

表 4-1　2016 年云南省各州市人均 GDP 表

州市	2016 年人均 GDP/元	标准化数据
昆明市	64 156	0.132
曲靖市	29 155	0.060
玉溪市	55 389	0.115
保山市	23 654	0.049
昭通市	14 040	0.029
丽江市	24 116	0.050
普洱市	21 737	0.044
临沧市	21 906	0.045
楚雄州	30 948	0.065
红河州	28 588	0.059
文山州	20 362	0.042
版纳州	31 338	0.065
大理州	27 360	0.056
德宏州	25 150	0.052
怒江州	23 289	0.048
迪庆州	43 247	0.089

注：基础数据根据云南省统计局、国家统计局云南调查总队 2017 年发布的《云南统计年鉴 2017》（中国统计出版社）整理、计算而得

在人均 GDP 方面，云南省总体发展水平偏低，各州市的发展差距较大，昆明市是人均 GDP 最高的地区，昭通市为最低，最高值为最低值的 4.6 倍。人均GDP 为 50 000 元以上的州市只有 2 个，即昆明市和玉溪市；达到全省平均水平的还有迪庆州和版纳州，其他的 12 个州市均未达到全省平均水平。

按照人均 GDP 的多少，云南省域具体可分为四类地区：Ⅰ类地区为人均 GDP在（含）50 000 元以上的区域，包括昆明市和玉溪市 2 个市；Ⅱ类地区为人均GDP 在 30 000～49 999 元的区域，包括迪庆州、版纳州和楚雄州 3 个州；Ⅲ类地区为人均 GDP 在 20 000～29 999 元的区域，包括曲靖市、红河州、大理州、德宏州、丽江市、保山市、怒江州、临沧市、普洱市、文山州 10 个州市；Ⅳ类地区为人均 GDP 低于 20 000 元的区域，包括昭通市 1 个市。

（二）社会经济结构

社会经济结构主要包括人口数和城市化率两个要素。

1. 人口数

人口数是社会经济结构的基本要素，也是决定职业教育规模和分布的重要因素。教育活动的对象是人，教育的空间分布受制于人口的空间分布。一般来说，人口数越多，职业教育的规模就越大。

《云南省主体功能区规划》分别对三种类型主体功能区的人口政策做出了明确安排：在重点开发区域，要进一步聚集从限制开发区域和禁止开发区域迁入的人口，相应地，职业教育要完善体系和结构，适度扩大规模，优化职业教育资源的配置；在限制开发区域和禁止开发区域，鼓励人口到重点开发区域就业和定居，因而职业教育的重点是迁移劳动力的综合素质、转移就业能力的提升。

人口数是云南职业教育区划的要素之一。2016 年云南省各州市的人口数如表 4-2 所示。

表 4-2　2016 年云南省各州市总人口数表

州市	2016 年末总人口数/万人	标准化数据
昆明市	672.8	0.141
曲靖市	608.4	0.128
玉溪市	237.5	0.050
保山市	259.7	0.054
昭通市	547.5	0.115
丽江市	128.5	0.027
普洱市	261.7	0.055
临沧市	252.0	0.053
楚雄州	273.9	0.057
红河州	468.1	0.098
文山州	362.1	0.076
版纳州	117.2	0.025
大理州	356.3	0.075
德宏州	129.4	0.027
怒江州	54.4	0.010
迪庆州	41.0	0.009

注：基础数据根据云南省统计局、国家统计局云南调查总队 2017 年发布的《云南统计年鉴 2017》（中国统计出版社）整理、计算而得

从 2016 年的数据来看，云南省各州市的人口分布也极不均衡。昆明市和曲靖市 2 个市的人口数就占全省总人口数的 26.9%。人口数最少的迪庆州，人口数仅占了全省总人口数的 0.9%。人口分布不均衡是导致云南职业教育发展不均衡的

主要原因之一。

按照人口数的多少，云南省域可分为四类地区： Ⅰ类地区为人口数在（含）500万以上的区域，包括昆明市、曲靖市、昭通市3个市；Ⅱ类地区为人口数在300万~499.9万的区域，包括红河州、文山州、大理州3个州；Ⅲ类地区为人口数在100万~299.9万的区域，包括楚雄州、普洱市、保山市、临沧市、玉溪市、德宏州、丽江市、版纳州8个州市；Ⅳ类地区为人口数少于100万的区域，包括怒江州和迪庆州2个州。

2. 城市化率

我国城市化的发展迅速，城市化的发展导致人口城乡结构的变化，城市人口比重逐渐上升，导致大量农业劳动者逐步向第二、三产业转移。这些都需要职业教育重新规划专业设置、教育层次和服务面向。所以，城市化率是在制定职业教育区划过程中不可忽视的因素之一。2016年云南省各州市的城市化率如表 4-3 所示。

表 4-3　2016 年云南省各州市城市化率表

州市	城市化率/%	标准化数据
昆明市	71.0	0.107
曲靖市	45.6	0.069
玉溪市	49.0	0.074
保山市	33.8	0.050
昭通市	31.5	0.047
丽江市	37.4	0.056
普洱市	40.7	0.060
临沧市	39.0	0.058
楚雄州	42.3	0.063
红河州	45.1	0.067
文山州	39.0	0.058
版纳州	45.2	0.066
大理州	44.0	0.066
德宏州	43.5	0.065
怒江州	30.1	0.045
迪庆州	32.9	0.049

注：基础数据根据云南省统计局、国家统计局云南调查总队2017年发布的《云南统计年鉴2017》（中国统计出版社）整理、计算而得

按照城市化率的大小，云南省域可分为三类地区：Ⅰ类地区为城市化率在（含）50%以上的区域，包括昆明市 1 个市；Ⅱ类地区为城市化率在 40%～49.9%的区域，包括玉溪市、曲靖市、版纳州、大理州、德宏州、红河州、楚雄州、普洱市 8 个州市；Ⅲ类地区为城市化率在 30%～39.9%的区域，包括文山州、临沧市、丽江市、保山市、迪庆州、昭通市、怒江州 7 个州市。

云南省各州市的城市化率差距很大，城市化率最高的昆明市和最低的怒江州相差了 40.9 个百分点。在云南职业教育区划中，城市化率高的地区应较多地设置与第二产业，特别是与第三产业相关的专业，应适度提升办学的层次，办学形式也应多元化；城市化率较低的地区，应积极举办农村劳动力转移培训和农村实用型人才的培养。

3. 社会经济结构合成指标

社会经济结构由人口数和城市化率两个三级指标构成，人口数所占权重为0.09，城市化率所占权重为 0.09，合成指标的算式为

$$A = \sum_{i=1}^{2} A_i r_i$$

式中，A 为社会经济结构指数，A_i 为第 i 类社会经济结构指数分指数，r_i 为第 i 类社会经济结构指数分指数的权重。由此可得出云南省 2016 年各州市社会经济结构合成指数（表 4-4）。

表 4-4 2016 年云南省各州市社会经济结构合成指标数据表

州市	2016 年人口数标准化数据	2016 年城市化率标准化数据	社会经济结构合成数据
昆明市	0.141	0.107	0.023
曲靖市	0.128	0.069	0.018
玉溪市	0.050	0.074	0.011
保山市	0.054	0.050	0.009
昭通市	0.115	0.047	0.015
丽江市	0.027	0.056	0.007
普洱市	0.055	0.060	0.010
临沧市	0.053	0.058	0.010
楚雄州	0.057	0.063	0.011
红河州	0.098	0.067	0.015
文山州	0.076	0.058	0.012
版纳州	0.025	0.066	0.008
大理州	0.075	0.066	0.013

续表

州市	2016 年人口数标准化数据	2016 年城市化率标准化数据	社会经济结构合成数据
德宏州	0.027	0.065	0.008
怒江州	0.010	0.045	0.005
迪庆州	0.009	0.049	0.005

注：数据存在舍入误差

按照社会经济结构合成数据值的大小，云南省域可分为三类地区：Ⅰ类地区为社会经济结构合成值在（含）0.020 以上的区域，包括昆明市 1 个市；Ⅱ类地区为社会经济结构合成值在 0.011～0.019 的区域，包括曲靖市、红河州、昭通市、大理州、文山州、玉溪市、楚雄州 7 个州市；Ⅲ类地区为社会经济结构合成值在 0.005～0.010 的区域，包括普洱市、临沧市、保山市、德宏州、版纳州、丽江市、迪庆州、怒江州 8 个州市。

（三）社会经济发展水平合成指标

社会经济发展水平由经济发展水平和社会经济结构两个二级指标构成，经济发展水平所占权重为 0.27，社会经济结构所占权重为 0.18，合成指标的算式为

$$A = \sum_{i=1}^{2} A_i r_i$$

式中，A 为社会经济发展水平指数，A_i 为第 i 类社会经济发展水平指数分指数，r_i 为第 i 类社会经济发展水平指数分指数的权重。由此可得出云南省 2016 年各州市社会经济发展水平合成指数（表 4-5）。

表 4-5　2016 年云南省各州市社会经济发展水平合成指标数据表

州市	经济发展水平	社会经济结构	社会经济发展水平合成指标数据
昆明市	0.132	0.023	0.040
曲靖市	0.060	0.018	0.019
玉溪市	0.115	0.011	0.033
保山市	0.049	0.009	0.015
昭通市	0.029	0.015	0.011
丽江市	0.050	0.007	0.015
普洱市	0.044	0.010	0.014
临沧市	0.045	0.010	0.014
楚雄州	0.065	0.011	0.020

续表

州市	经济发展水平	社会经济结构	社会经济发展水平合成指标数据
红河州	0.059	0.015	0.019
文山州	0.042	0.012	0.014
版纳州	0.065	0.008	0.019
大理州	0.056	0.013	0.017
德宏州	0.052	0.008	0.015
怒江州	0.048	0.005	0.014
迪庆州	0.089	0.005	0.025

注：数据存在舍入误差

按照社会经济发展水平合成指标数据的大小，云南省域可分为四类地区：Ⅰ类地区为社会经济结构合成值在（含）0.040 以上的区域，包括昆明市 1 个市；Ⅱ类地区为社会经济结构合成值在 0.016~0.039 的区域，包括玉溪市、迪庆州、楚雄州、曲靖市、红河州、版纳州、大理州 7 个州市；Ⅲ类地区为社会经济结构合成值在 0.014~0.015 的区域，包括保山市、丽江市、德宏州、普洱市、临沧市、文山州、怒江州 7 个州市；Ⅳ类地区为社会经济结构合成值小于 0.014 的区域，包括昭通市 1 个市。

云南省各州市的社会经济发展水平不均衡，从地理位置上来看，昆明市为社会经济发展水平最高的地区，以昆明市为中心的几个州市发展水平次之，而距离省级中心较远的几个州市发展水平普遍较低。

二、职业教育发展水平

职业教育发展水平是制定职业教育区划的重要依据，也是制定职业教育区划的要素。职业教育的发展水平又可分解为两个方面：一是职业教育规模；二是职业教育办学条件。

（一）职业教育规模

目前，云南职业教育主要由高等职业教育和中等职业教育构成。云南职业教育的规模主要包括高等职业教育规模和中等职业教育规模。在高等职业教育规模中，因学校数量不多，且主要聚集在昆明市，州市之间的区域差距不大，没有显著的区分意义，故只选取高等职业院校数来体现高等职业教育规模。在中等职业教育的发展中，中等职业学校分布相对均衡，在云南省各州市、各县均有设置，故中等职业教育规模分别用中等职业学校数、中等职业学校在校生数两个要素来体现。

1.高等职业院校数

高等职业教育是当前云南职业教育发展中的最高层次，高等职业教育的规模间接反映了区域生产力发展的水平、产业结构和劳动技术结构。劳动技术先进程度的提高，必然会要求职业教育的层次化更高。因此，职业教育层次的高低体现了该区域劳动技术结构的高低，而高等职业院校的数量和分布就是职业教育层次的标志之一。2016年云南省各州市高等职业院校的分布情况如表4-6所示。

表4-6　2016年云南省各州市高等职业院校数量表

州市	高职院校数/所	标准化数据
昆明市	23	0.676
曲靖市	1	0.029
玉溪市	1	0.029
保山市	0	0.000
昭通市	1	0.029
丽江市	0	0.000
普洱市	0	0.000
临沧市	0	0.000
楚雄州	1	0.029
红河州	2	0.060
文山州	1	0.029
版纳州	1	0.029
大理州	2	0.060
德宏州	1	0.029
怒江州	0	0.000
迪庆州	0	0.000

注：数据存在舍入误差，基础数据根据云南省教育厅2017年发布的《2016年云南教育事业统计摘要》整理、计算而得

截至2016年，云南省共有34所高等职业技术学院，主要分布在云南省的大中城市。在34所院校中，23所分布在省会——昆明市，占比为67.6%（中华人民共和国教育部，2016）；其他11所分布在9个州市的中心城市。

仅按照高等职业院校数的多少，云南省域可分为三类地区：Ⅰ类地区为高等

职业院校数在 2 所以上的区域，包括昆明市 1 个市；Ⅱ类地区为高等职业院校数在 1~2 所的区域，包括红河州、大理州、曲靖市、玉溪市、楚雄州、版纳州、文山州、德宏州、昭通市 9 个州市；Ⅲ类地区为没有举办高等职业院校的区域，包括保山市、丽江市、普洱市、临沧市、怒江州、迪庆州 6 个州市。

2. 中等职业学校数

截至 2016 年 12 月，云南省共有中等职业学校 374 所，分布在云南省各州市、各县（云南省教育厅，2017），中等职业教育是云南职业教育体系的主要组成部分。学校数量及分布是区域职业教育发展程度的重要标志，一方面体现了区域社会经济的发达程度，另一方面体现了教育的公平程度。力求区域职业教育的发展规模与区域经济、社会和人口的发展水平相适应，是云南职业教育区划的出发点之一，是云南职业教育区划的要素之一。2016 年云南省各州市的中等职业学校数如表 4-7 所示。

表 4-7　2016 年云南省各州市中等职业学校数表

州市	中等职业学校数/所	标准化数据
昆明市	78	0.209
曲靖市	31	0.083
玉溪市	20	0.053
保山市	11	0.029
昭通市	29	0.078
丽江市	11	0.029
普洱市	25	0.067
临沧市	19	0.051
楚雄州	25	0.067
红河州	37	0.099
文山州	27	0.072
版纳州	10	0.027
大理州	29	0.078
德宏州	12	0.032
怒江州	5	0.013
迪庆州	5	0.013

注：基础数据根据云南省教育厅 2017 年发布的《2016 年云南教育事业统计摘要》整理、计算而得

仅按照中等职业学校数的多少，云南省域可分为四类地区：Ⅰ类地区为中等职业学校数在（含）40 所以上的区域，包括昆明市 1 个市；Ⅱ类地区为中等职业

学校数在 20～39 所的区域，包括红河州、曲靖市、大理州、昭通市、文山州、楚雄州、普洱市、玉溪市 8 个州市；Ⅲ类地区为中等职业学校数在 10～19 所的区域，包括临沧市、德宏州、保山市、丽江市、版纳州 5 个州市；Ⅳ类地区为中等职业学校数少于 10 所的区域，包括怒江州、迪庆州 2 个州市。

云南中等职业学校的分布呈高度聚集的状态，近 20%的中等职业学校集中分布在昆明市，其他学校分布在各州、市、县。各州市的中等职业学校数也存在较大差距。

3.中等职业学校在校生数

截至 2016 年 12 月，云南省各州市中等职业教育在校生数情况如表 4-8 所示。

表 4-8　2016 年云南省各州市中等职业学校在校生数表

州市	中等职业学校在校生数/人	标准化数据
昆明市	173 398	0.357
曲靖市	68 731	0.141
玉溪市	22 629	0.046
保山市	19 780	0.041
昭通市	25 639	0.053
丽江市	7 570	0.016
普洱市	19 431	0.040
临沧市	16 616	0.034
楚雄州	17 495	0.035
红河州	28 570	0.059
文山州	31 165	0.064
版纳州	8 583	0.018
大理州	29 779	0.061
德宏州	12 636	0.026
怒江州	1 845	0.004
迪庆州	2 381	0.005

注：基础数据根据云南省教育厅 2017 年发布的《2016 年云南教育事业统计摘要》整理、计算而得

仅按照中等职业学校在校生数的多少，云南省域可分为四类地区：Ⅰ类地区为中等职业学校在校生数为（含）100 000 人以上的区域，包括昆明市 1 个市；Ⅱ类地区为中等职业学校在校生数在 50 000～99 999 人的区域，包括曲靖市 1 个市；Ⅲ类地区为中等职业学校在校生数在 10 000～49 999 人的区域，包括文山州、大理州、红河州、昭通市、玉溪市、保山市、普洱市、楚雄州、临沧市、德宏州 10

个州市；Ⅳ类地区为中等职业学校在校生数少于 10 000 人的区域，包括版纳州、丽江市、迪庆州、怒江州 4 个州市。

表 4-8 显示，从在校生规模的角度来看，云南省普通中专和职业高中的在校学生主要集中在昆明市和曲靖市，但是相对于高等职业教育来说，中等职业教育资源的分布更为均衡一些，全省各州市均设置有中等职业学校，基本上所有县都设置有职业中学，这非常有利于针对性地培养各区域人口的职业技能。

4. 职业教育规模合成指标

职业教育规模由高职院校数、中职学校数和中职学校在校生数三个三级指标构成，高职院校数所占权重为 0.084，中职学校数所占权重为 0.084，中职学校在校生数所占权重为 0.112，合成指标的算式为

$$A = \sum_{i=1}^{3} A_i r_i$$

式中，A 为职业教育规模指数，A_i 为第 i 类职业教育规模指数分指数，r_i 为第 i 类职业教育规模指数分指数的权重。2016 年云南省各州市职业教育规模合成指标数据如表 4-9 所示。

表 4-9　2016 年云南省各州市职业教育规模合成指标数据表

州市	高职院校数标准化数据	中职学校数标准化数据	中职学校在校生数标准化数据	职业教育规模合成数据
昆明市	0.677	0.209	0.357	0.114
曲靖市	0.029	0.083	0.141	0.025
玉溪市	0.029	0.053	0.046	0.012
保山市	0.000	0.029	0.041	0.007
昭通市	0.029	0.078	0.053	0.015
丽江市	0.000	0.029	0.016	0.004
普洱市	0.000	0.067	0.040	0.010
临沧市	0.000	0.051	0.034	0.008
楚雄州	0.029	0.067	0.035	0.012
红河州	0.060	0.099	0.059	0.020
文山州	0.029	0.072	0.064	0.016
版纳州	0.029	0.027	0.018	0.007
大理州	0.060	0.078	0.061	0.018
德宏州	0.029	0.032	0.026	0.008
怒江州	0.000	0.013	0.004	0.002
迪庆州	0.000	0.013	0.005	0.002

注：数据存在舍入误差

　　仅按照各州市职业教育规模合成值的大小，云南省域可分为四类地区：Ⅰ类地区为职业教育规模合成值大于 0.100 的区域，包括昆明市 1 个市；Ⅱ类地区为职业教育规模合成值在 0.016～0.100 的区域，包括曲靖市、红河州、大理州、文山州 4 个州市；Ⅲ类地区为职业教育规模合成值在 0.003～0.015 的区域，包括昭通、玉溪市、楚雄州、普洱市、临沧市、德宏州、保山市、版纳州、丽江市 9 个州市；Ⅳ类地区为职业教育规模合成值小于 0.003 的区域，包括迪庆州、怒江州 2 个州市。

（二）职业教育办学条件

　　教育的发展依赖于物质基础和师资队伍。物质基础主要指用于教学用地、教学设备购置、教学日常运转所需经费的投入和物质条件，表现为学校的固定资产值、占地面积等。师资队伍条件又包括量和质两个方面：所谓师资队伍的量，指的是师资数量是否能满足教学需求，主要用生师比来表示；而师资队伍的质，是指教师的水平高低，主要的量化指标是学历合格率等。

1. 中等职业学校生师比

　　中等职业学校生师比是指在特定年份，中等职业学校的学生人数与在同一教育层次任教的专任教师人数的比值。生师比是用来衡量学校师资数量配备是否合理的重要标志。2016 年云南省各州市中等职业学校生师比情况如表 4-10 所示。

表 4-10　2016 年云南省各州市中等职业学校生师比情况表

州市	中等职业学校生师比	标准化数据
昆明市	31.15	0.100
曲靖市	26.01	0.083
玉溪市	16.00	0.051
保山市	17.64	0.057
昭通市	18.85	0.060
丽江市	14.90	0.048
普洱市	15.82	0.051
临沧市	23.50	0.075
楚雄州	17.57	0.056
红河州	17.90	0.057
文山州	17.86	0.057
版纳州	25.77	0.083
大理州	22.11	0.071

续表

州市	中等职业学校生师比	标准化数据
德宏州	25.84	0.083
怒江州	8.50	0.028
迪庆州	12.66	0.040

注：基础数据根据云南省教育厅 2017 年发布的《2016 年云南教育事业统计摘要》整理、计算而得

仅按照中等职业学校生师比的大小，云南省域可分为三类地区：Ⅰ类地区为中等职业学校生师比高于 20 的区域，包括昆明市、曲靖市、德宏州、版纳州、临沧市、大理州 6 个州市；Ⅱ类地区为中等职业学校生师比在 10～20 的区域，包括昭通市、红河州、文山州、保山市、楚雄州、玉溪市、普洱市、丽江市、迪庆州 9 个州市；Ⅲ类地区为中等职业学校生师比低于 10 的区域，包括怒江州 1 个州。

表 4-10 显示，职业教育资源丰富的地区，生师比偏高，专任教师数量呈现出严重不足的趋势，如昆明市和曲靖市，生师比分别高达 31.15 和 26.01，生师比明显过高，不符合国家规定的生师比标准，应对中等职业教育师资予以补充；而职业教育资源少的地区，生师比偏低，专任教师数量有较多的富余。

2. 中等职业学校专任教师学历合格率

专任教师学历合格率，是指在学校专门担任教学工作的所有教师中，具备国家规定的合格学历的人数占专任教师总数的比例。专任教师学历合格率是师资队伍质量的重要表征。2016 年云南省各州市中等职业学校专任教师学历合格率如表 4-11 所示。

表 4-11 2016 年云南省各州市中等职业学校专任教师学历合格率情况表

州市	中等职业学校专任教师学历合格率/%	标准化数据
昆明市	84.62	0.059
曲靖市	93.87	0.065
玉溪市	94.61	0.066
保山市	95.45	0.066
昭通市	90.00	0.062
丽江市	91.54	0.064
普洱市	90.23	0.063
临沧市	85.29	0.059
楚雄州	91.06	0.063

续表

州市	中等职业学校专任教师学历合格率/%	标准化数据
红河州	87.47	0.061
文山州	85.04	0.059
版纳州	96.40	0.067
大理州	89.38	0.062
德宏州	87.73	0.061
怒江州	84.33	0.058
迪庆州	93.09	0.065

注：基础数据根据云南省教育厅 2017 年发布的《2016 年云南教育事业统计摘要》整理、计算而得

仅按照中等职业学校专任教师学历合格率的高低，云南省域可分为三类地区：Ⅰ类地区为中等职业学校专任教师学历合格率高于 90% 的区域，包括版纳州、保山市、玉溪市、曲靖市、迪庆州、丽江市、楚雄州、普洱市 8 个州市；Ⅱ类地区为中等职业学校专任教师学历合格率在 85%～90% 的区域，包括昭通市大理州、德宏州、红河州、临沧市、文山州 6 个州市；Ⅲ类地区为中等职业学校专任教师学历合格率低于 85% 的区域，包括昆明市、怒江州 2 个州市。

表 4-11 显示，昆明市、怒江州等州市的中等职业学校专任教师学历合格率偏低，在一定程度上影响了师资整体水平，应采取相应措施，鼓励学历不符合要求的教师提升学历层次，补充学历合格的专任教师。

3. 中等职业学校固定资产值

学校固定资产值是指学校各种教学设施、设备等的总价值，是用来判断教育投入水平的重要量化指标，也是举办职业教育的根本物质保障。2016 年云南省各州市中等职业学校固定资产值如表 4-12 所示。

表 4-12   2016 年云南省各州市中等职业学校固定资产值情况表

州市	中等职业学校固定资产值/万元	标准化数据
昆明市	143 732.20	0.124
曲靖市	345 387.86	0.299
玉溪市	63 943.60	0.055
保山市	29 484.15	0.026
昭通市	76 601.79	0.066
丽江市	22 080.87	0.019
普洱市	28 050.29	0.024

续表

州市	中等职业学校固定资产值/万元	标准化数据
临沧市	60 954.08	0.053
楚雄州	28 294.96	0.024
红河州	70 129.19	0.061
文山州	135 871.36	0.118
版纳州	8 537.58	0.007
大理州	74 673.76	0.065
德宏州	19 177.37	0.017
怒江州	5 695.50	0.005
迪庆州	42 577.40	0.037

注：基础数据根据云南省教育厅 2017 年公布的《2016 年云南教育事业统计摘要》整理、计算而得

　　表 4-12 显示，各州市在中等职业教育的固定资产投入上差异较大。仅按照各州市中等职业学校固定资产值的大小，云南省域可分为四类地区：Ⅰ类地区为中等职业学校固定资产值大于 100 000 万元的区域，包括曲靖市、昆明市、文山州 3 个州市；Ⅱ类地区为中等职业学校固定资产值在 50 000 万～100 000 万元的区域，包括昭通市、大理州、红河州、玉溪市、临沧市 5 个州市；Ⅲ类地区为中等职业学校固定资产值在 10 000 万～49 999 万元的区域，包括迪庆州、保山市、楚雄州、普洱市、丽江市、德宏州 6 个州市；Ⅳ类地区为中等职业学校固定资产值少于 10 000 万元的区域，包括版纳州、怒江州 2 个州。

　　4. 中等职业学校占地面积

　　学校占地面积也是学校办学物质条件的重要指标，特别是与普通中等教育相比，中等职业教育需要更多的实训室、实训基地等教学场地，占地面积是中等职业学校办学的重要保障，是职业教育区划必须予以考虑的要素。2016 年云南省各州市中等职业学校占地面积如表 4-13 所示。

表 4-13　2016 年云南省各州市中等职业学校占地面积情况表

州市	中等职业学校占地面积/亩	标准化数据
昆明市	3 636.80	0.149
曲靖市	3 806.76	0.156
玉溪市	1 345.03	0.055
保山市	890.07	0.036
昭通市	1 374.32	0.056

续表

州市	中等职业学校占地面积/亩	标准化数据
丽江市	570.77	0.023
普洱市	2 287.18	0.094
临沧市	907.07	0.037
楚雄州	1 051.78	0.043
红河州	2 345.50	0.096
文山州	2 746.83	0.113
版纳州	307.15	0.013
大理州	1 492.10	0.061
德宏州	794.15	0.033
怒江州	294.30	0.012
迪庆州	546.47	0.023

注：基础数据根据云南省教育厅 2017 年发布的《2016 年云南教育事业统计摘要》整理、计算而得

仅按照各州市中等职业学校占地面积的大小，云南省域可分为四类地区：Ⅰ类地区为中等职业学校占地面积为 3000 亩以上的区域，包括曲靖市、昆明市 2市；Ⅱ类地区为中等职业学校占地面积在 2000～3000 亩的区域，包括文山州、红河州、普洱市 3 个州市；Ⅲ类地区为中等职业学校占地面积在 1000～1999 亩的区域，包括大理州、昭通市、玉溪市、楚雄州 4 个州市；Ⅳ类地区为中等职业学校占地面积小于 1000 亩的区域，包括临沧市、保山市、德宏州、丽江市、迪庆州、版纳州、怒江州 7 个州市。

5. 职业教育办学条件合成指标

职业教育办学条件由中等职业学校生师比、中等职业学校专任教师学历合格率、中等职业学校固定资产值和中等职业学校占地面积四个三级指标构成，中等职业学校生师比所占权重为 0.081，中等职业学校专任教师学历合格率所占权重为 0.054，中等职业学校固定资产值所占权重为 0.081，中等职业学校占地面积所占权重为 0.054，合成指标的算式为

$$A = \sum_{i=1}^{4} A_i r_i$$

式中，A 为职业教育办学条件指数，A_i 为第 i 类职业教育办学条件指数分指数，r_i 为第 i 类职业教育办学条件指数分指数的权重。由此可得出云南省 2016 年各州市职业教育办学条件合成指数（表 4-14）。

表 4-14　2016 年云南省各州市职业教育办学条件合成指标数据表

州市	中等职业学校生师比标准化数据	中等职业学校专任教师学历合格率标准化数据	中等职业学校固定资产值标准化数据	中等职业学校占地面积标准化数据	中等职业学校教育办学条件合成数据
昆明市	0.100	0.059	0.124	0.149	0.030
曲靖市	0.083	0.065	0.299	0.156	0.043
玉溪市	0.051	0.066	0.055	0.055	0.015
保山市	0.057	0.066	0.026	0.036	0.012
昭通市	0.060	0.062	0.066	0.056	0.017
丽江市	0.048	0.064	0.019	0.023	0.010
普洱市	0.051	0.063	0.024	0.094	0.015
临沧市	0.075	0.059	0.053	0.037	0.016
楚雄州	0.056	0.063	0.024	0.043	0.012
红河州	0.057	0.061	0.061	0.096	0.018
文山州	0.057	0.059	0.118	0.113	0.023
版纳州	0.083	0.067	0.007	0.013	0.012
大理州	0.071	0.062	0.065	0.061	0.018
德宏州	0.083	0.061	0.017	0.033	0.013
怒江州	0.028	0.058	0.005	0.012	0.006
迪庆州	0.040	0.065	0.037	0.023	0.010

注：数据存在舍入误差

按照各州市职业教育办学条件合成值的大小，云南省域可分为三类地区：I 类地区为职业教育办学条件合成值大于或等于 0.030 的区域，包括曲靖市、昆明市 2 个市；II 类地区为职业教育办学条件合成值在 0.013～0.029 的区域，包括文山州、红河州、大理州、昭通市、临沧市、玉溪市、普洱市、德宏州 8 个州市；III 类地区为职业教育办学条件合成值小于 0.013 的区域，包括楚雄州、保山市、版纳州、迪庆州、丽江市、怒江州 6 个州市。

（三）职业教育发展水平合成指标

职业教育发展水平由职业教育规模和职业教育办学条件两个二级指标构成，职业教育规模所占权重为 0.28，职业教育办学条件所占权重为 0.27，合成指标的算式为

$$A = \sum_{i=1}^{2} A_i r_i$$

式中，A 为职业教育发展水平指数，A_i 为第 i 类职业教育发展水平指数分指数，r_i 为第 i 类职业教育发展水平指数分指数的权重。由此可得出云南省 2016 年各州

市职业教育发展水平合成指数（表4-15）。

表 4-15　2016 年云南省各州市职业教育发展水平合成指标数据表

州市	职业教育规模合成数据	职业教育办学条件合成数据	职业教育发展水平合成指标数据
昆明市	0.114	0.030	0.040
曲靖市	0.025	0.043	0.018
玉溪市	0.012	0.015	0.007
保山市	0.007	0.012	0.005
昭通市	0.015	0.017	0.007
丽江市	0.004	0.010	0.004
普洱市	0.010	0.015	0.007
临沧市	0.008	0.016	0.007
楚雄州	0.012	0.012	0.007
红河州	0.020	0.018	0.010
文山州	0.016	0.023	0.011
版纳州	0.007	0.012	0.005
大理州	0.018	0.018	0.010
德宏州	0.008	0.013	0.006
怒江州	0.002	0.006	0.002
迪庆州	0.002	0.010	0.004

注：数据存在舍入误差

　　按照各州市职业教育发展水平合成值的大小，云南省域可分为四类地区：Ⅰ
类地区为职业教育发展水平合成值大于 0.015 的区域，包括昆明市、曲靖市 2 个
市；Ⅱ类地区为职业教育发展水平合成值在 0.010～0.015 的区域，包括文山州、
红河州、大理州 3 个州；Ⅲ类地区为职业教育发展水平合成值在 0.005～0.009 的
区域，包括玉溪市、昭通市、临沧市、普洱市、楚雄州、德宏州、保山市、版纳
州 8 个州市；Ⅳ类地区为职业教育发展水平合成值小于 0.005 的区域，包括丽江
市、迪庆州、怒江州 3 个州市。

第二节　云南职业教育区划方案

　　编制主体功能区背景下的云南职业教育区划，就是要以《云南省主体功能区
规划》的要求为依据，根据云南省各州市的职业教育发展现状及存在的问题，本

着区域职业教育为区域经济社会发展服务的宗旨，划分职业教育发展区域，逐步形成区域职业教育与区域主体功能区建设、区域经济社会发展相协调的职业教育发展格局。为了便于各区域职业教育管理和统筹规划的便利，云南职业教育区划以州市为基本单元，将全省 16 个州市划分为 Ⅰ、Ⅱ、Ⅲ、Ⅳ类区域。

按照本章第一节的要素分析，以社会经济发展水平和职业教育发展水平两个维度合成职业教育区划指数，其中，社会经济发展水平占 0.45 的权重，职业教育发展水平占 0.55 的权重，合成指标的算式为

$$A = \sum_{i=1}^{2} A_i r_i$$

式中，A 为职业教育区划指数，A_i 为第 i 类职业教育区划指数分指数，r_i 为第 i 类职业教育区划指数分指数的权重。云南职业教育区划合成指标数据如表 4-16 所示。

表 4-16 云南职业教育区划合成指标数据表

州市	社会经济发展水平合成数据	职业教育发展水平合成数据	职业教育区划合成数据
昆明市	0.040	0.040	0.040
曲靖市	0.019	0.018	0.019
玉溪市	0.033	0.007	0.019
保山市	0.015	0.005	0.010
昭通市	0.011	0.007	0.009
丽江市	0.015	0.004	0.009
普洱市	0.014	0.007	0.010
临沧市	0.014	0.007	0.010
楚雄州	0.020	0.007	0.013
红河州	0.019	0.010	0.015
文山州	0.014	0.011	0.012
版纳州	0.019	0.005	0.011
大理州	0.017	0.010	0.013
德宏州	0.015	0.006	0.010
怒江州	0.014	0.002	0.007
迪庆州	0.025	0.004	0.013

注：数据存在舍入误差

依据各项合成指标值及区域分类，运用模糊综合评价法来进行云南职业教育区划，所要区划的云南省各州市的职业教育是由多种因素组成的模糊集合。根据各个因素在评价指标中的权重分配，通过对计算评价的定量分析，以及对难以定

量分析的模糊现象进行主观上的定性分析，把定量分析与定性分析相结合，对云南省各州市的职业教育做出综合评价及区域划分。综合评价及区域划分情况如表 4-17 所示。

表 4-17   云南职业教育区划综合评价及区域划分表

州市	社会经济发展水平评价	职业教育发展水平评价	主体功能定位与人才需求	区域划分
昆明市	高	高	国家层面重点开发区域为主；急需生物、旅游、农产品深加工、服务贸易、小语种等相关专业的技能型人才	I 类区域（核心区）
曲靖市	较高	较高	国家层面重点开发区域和限制开发区域为主，急需制造、冶金、矿产等专业的技能型人才	II 类区域（腹地区）
玉溪市	较高	较低	国家层面重点开发区域和限制开发区域为主；急需烟草生产、装备制造、化工等专业的技能型人才	II 类区域（腹地区）
保山市	较低	低	省级层面重点开发区域和限制开发区域为主；急需装备制造、农产品加工、旅游等专业的技能型人才	III 类区域（扩展区）
昭通市	较低	较低	省级层面重点开发县城和限制开发区域为主；急需农业种植、煤炭开采等专业的技能型人才	III 类区域（扩展区）
丽江市	较低	低	省级层面限制开发区域为主；急需旅游服务、生物药品制造等专业的技能型人才	IV 类区域（潜力区）
普洱市	较低	较高	省级层面重点开发县城和限制开发区域为主；急需普洱茶种植、加工等专业的技能型人才	II 类区域（腹地区）
临沧市	较低	较低	省级层面重点开发县城和限制开发区域为主；急需茶叶种植、加工、水电开发等专业的技能型人才	III 类区域（扩展区）
楚雄州	较高	较低	国家层面重点开发区域和限制开发区域为主；急需烤烟种植、装备制造、化学化工、旅游等专业的技能型人才	II 类区域（腹地区）
红河州	较高	较高	省级层面重点开发区域和限制开发区域为主；急需烟草加工、有色金属开采、旅游等专业的技能型人才	II 类区域（腹地区）
文山州	较低	较高	省级层面重点开发县城和口岸镇为主；急需农业种植、农产品初加工等方面的技能型人才	II 类区域（腹地区）
版纳州	较低	低	省级层面重点开发县城、限制开发区域和国家层面禁止开发区域为主；急需橡胶、茶叶种植、加工、木材加工、旅游、小语种、国际贸易等专业的技能型人才	III 类区域（扩展区）
大理州	较高	较高	省级层面重点开发区域和国家层面限制开发区域为主；急需装备制造、旅游、生物制药等专业的技能型人才	II 类区域（腹地区）

续表

州市	社会经济发展水平评价	职业教育发展水平评价	主体功能定位与人才需求	区域划分
德宏州	较低	低	省级层面重点开发县城、限制开发区域和禁止开发区域为主；急需农业种植、旅游、小语种、国际贸易、珠宝玉石工艺等方面的技能型人才	Ⅲ类区域（扩展区）
怒江州	低	低	国家层面限制开发区域和禁止开发区域为主；急需农业种植、水电资源开发、旅游服务等专业的技能型人才	Ⅳ类区域（潜力区）
迪庆州	较高	低	国家层面限制开发区域和禁止开发区域为主；急需畜牧养殖、旅游、文化保护等方面的技能型人才	Ⅳ类区域（潜力区）

运用模糊综合评价法对云南省各州市职业教育发展进行综合评价及区域划分，可以将云南省域的职业教育划分为四个区域：Ⅰ类核心区、Ⅱ类腹地区、Ⅲ类扩展区和Ⅳ类潜力区。

Ⅰ类区域是指经济基础好，在《全国主体功能区规划》中具有战略意义，在全国和全省的经济协调发展中起重要作用，聚集人口和经济的条件好，原有的职业教育发展基础好，处于云南职业教育发展核心的地区，也称为核心区。其职业教育的主要发展方向应该是：重点提升职业教育的层次，调整结构，加强内涵建设，发展职业教育的多种形式，充分发挥其对职业教育发展不足地区的辐射和带动作用，适度迁移部分职业教育资源到其他办学条件较好的地区。该区域位于云南省中部，包括昆明市1市。

Ⅱ类区域是指经济基础较好，在《全国主体功能区规划》中具有重要地位，是支撑全省经济增长的重要增长极，聚集人口和经济的条件较好，原有的职业教育发展基础较好，处于云南职业教育发展腹地的地区，也称为腹地区。其职业教育的主要发展方向是：适度提升层次，调整专业设置，更好地为各州市的主体功能区建设服务。该区域包括曲靖市、玉溪市、红河州、文山州、大理州、楚雄州和普洱市共7个州市。

Ⅲ类区域是指对全省经济持续增长和协调发展意义重大，具有区域辐射功能，有利于聚集区域人口和经济，限制开发区域的主体功能占较大比重，职业教育现有发展水平较低，但具有较大发展潜力的地区，处于云南职业教育发展的核心区和腹地区向边缘扩展的地区，也称为扩展区。其职业教育的主要发展方向是：明确该区域主体功能区建设的人才需求，调整专业设置，促进职业教育的特色化发展,为各州市的主体功能区建设培养人才。该区域包括昭通市、临沧市、版纳州、保山市、德宏州共 5 个州市。

Ⅳ类区域是指在《全国主体功能区规划》和《云南省主体功能区规划》中主要承担生态保护的主体功能,生态系统十分重要,关系全省乃至全国更大范围的生态安全,不宜进行大规模开发,现有职业教育发展水平低,具有一定发展潜力的地区,也称为潜力区,这个区域的职业教育发展对于全省职业教育的协调发展具有重要意义。其职业教育的主要发展方向是:调整专业设置,加大和职业教育发展较好地区的教育合作,共享优质职业教育资源,为该区域的主体功能区建设服务。该区域包括丽江市、迪庆州和怒江州共 3 个州市。

从地理位置上来看,四类区域以昆明市为中心,呈带状分布,职业教育区划分类评价指标值由中心逐渐向外围梯度递减。

本章对云南职业教育区划的 I 类区域和 II 类区域，从社会经济和职业教育发展的现状及问题进行分析，并依据职业教育的发展规律和主体功能区建设的客观需求，对两个分区的职业教育发展方向提出对策建议。

第一节　I 类区域：云南职业教育核心区

I 类区域为位于云南省中部的省会城市昆明市。该区域是云南省域内社会经济发展水平和职业教育发展水平最高的地区，在职业教育的发展中，其在规模、层次、办学条件、专业结构方面都具有主导优势。

一、发展现状

昆明市位于云南省中部，是全省的政治、经济、文化、科技中心和交通、通信枢纽，下辖 6 区、1 市、7 县。2016 年，云南省全省 GDP 为 14 719.95 亿元，昆明市 GDP 为 4300.08 亿元，占全省 GDP 的 29.2%（云南省统计局，国家统计局云南调查总队，2017），是云南省经济实力最强的一个市区。优越的气候，悠久的文化，独特的区位优势，使昆明成为云南省的中心城市。

昆明市的发展定位是建成我国面向东南亚、南亚的贸易中心、金融中心、旅游中心、进出口加工中心和交通枢纽、信息枢纽，重点布局和发展商贸流通业、金融、信息、旅游、物流等现代服务业和文化产业、房地产业、会展业等。依托经济区内的工业园区，布局和发展以电子信息、生物工程为主的高新技术产业、烟草及配套产业、生物制药和花卉产业等，辐射带动滇中经济区内各区、县、市的发展。[①]

在《云南省主体功能区规划》中，昆明市的大部分区域均被规划为国家层面重点开发区域，是支撑全国和全省经济增长的增长极，要承担发展资本密集型产业、劳动密集型产业和产业集群，以及承接限制开发区域、禁止开发区域超载人口等任务。

昆明市也是云南省的教育中心，集中了全省近67.3%的高等职业教育资源和近20%的中等职业教育资源。2016年，昆明市有23所高等职业院校，占全省高等职业院校总数的67.3%；有28所普通中专、31所职业高中、19所成人中专，普通中专在校生为145 768人，职业高中在校生为26 925人，成人中专在校生为705人，合计173 398人，约占全省中等职业学校在校生总数的35.7%。[②]

从学校类型来分类，昆明市的高等职业院校共分为9个大类，如表5-1所示。

表5-1   2016年昆明市高等职业院校所属大类结构表

类别	学校	办学形式
能源与土木建筑类（10所）	云南国土资源职业学院	公办
	云南交通职业技术学院	公办
	昆明工业职业技术学院	公办
	云南国防工业职业技术学院	公办
	云南机电职业技术学院	公办
	云南城市建设职业学院	民办
	云南工程职业学院	民办
	云南科技信息职业学院	民办
	昆明铁道职业技术学院	公办
	云南水利水电职业学院	公办
农林类（2所）	云南农业职业技术学院	公办
	云南林业职业技术学院	公办
医药卫生类（2所）	云南新兴职业学院	民办
	昆明卫生职业学院	民办
体育类（1所）	云南体育运动职业技术学院	公办
艺术类（2所）	云南文化艺术职业学院	公办
	昆明艺术职业学院	民办

---

① 云南省人民政府. 云南省人民政府关于印发云南省主体功能区规划的通知. http://www.yn.gov.cn/yn_zwlanmu/yn_gggs/201405/t20140514_13978.html[2016-12-30].

② 云南省教育厅. 2017. 2016年云南教育事业统计摘要.

续表

类别	学校	办学形式
管理与服务类（3 所）	云南商务职业学院	民办
	云南旅游职业学院	公办
	云南外事外语职业学院	民办
综合类（1 所）	云南经贸外事职业学院	民办
司法类（1 所）	云南司法警官职业学院	公办
财经类（1 所）	云南财经职业学院	公办

资料来源：云南省招生考试院. 2016. 2016 年云南招生（中职、五年制高职院校招生计划版草案）. 昆明：云南教育出版社

从表 5-1 中可以发现，昆明市的高等职业院校中与第一产业相关的农林类学校偏少，与第三产业相关的学校偏多；民办职业院校占有一定比例。2016 年，其专业设置情况如表 5-2 所示。

表 5-2　2016 年昆明市高等职业院校设置专业数量简况表

学校	与第一产业相关的专业数/个	与第二产业相关的专业数/个	与第三产业相关的专业数/个
云南国土资源职业学院	0	19	11
云南交通职业技术学院	0	2	8
昆明工业职业技术学院	0	15	9
云南国防工业职业技术学院	0	2	2
云南机电职业技术学院	0	8	3
云南城市建设职业学院	0	6	7
云南工程职业学院	0	8	10
云南科技信息职业学院	0	5	7
云南农业职业技术学院	5	3	3
云南林业职业技术学院	3	1	8
昆明铁道职业技术学院	0	11	4
云南水利水电职业学院	0	7	0
云南新兴职业学院	0	0	15
昆明卫生职业学院	0	0	6
云南体育运动职业技术学院	0	0	6
云南文化艺术职业学院	0	0	9
昆明艺术职业学院	0	0	11
云南商务职业学院	0	1	15
云南旅游职业学院	0	2	12
云南外事外语职业学院	0	2	17

续表

学校	与第一产业相关的专业数/个	与第二产业相关的专业数/个	与第三产业相关的专业数/个
云南经贸外事职业学院	0	10	21
云南司法警官职业学院	0	0	1
云南财经职业学院	0	0	2
合计	8（2.7%）	102（34.3%）	187（63.0%）

资料来源：云南省招生考试院. 2016. 2016 年云南招生（中职、五年制高职院校招生计划版草案）. 昆明：云南教育出版社

从专业设置上来看，与第一产业相关的专业设置过少，而与第三产业相关的专业设置过多。详细整理各学校的所设专业，我们发现存在两个普遍现象：一是各学校在设置专业时，除了设置与本校的科类性质相关的专业之外，还设置了其他科类性质的专业；二是各学校所设置的专业趋同现象比较明显，如 23 所高职院校之中，11 所院校都设置有旅游管理专业，15 所院校设置有市场营销专业，18 所院校设置有计算机应用技术专业。

在昆明市的中等职业教育专业设置中，涉及第一产业、第二产业、第三产业的专业都有设置，由于昆明市的中等职业学校较多，不能一一列举各学校所设置专业的情况，现把 2016 年各学校所设置专业的情况汇总，如表 5-3 所示。

表 5-3 2016 年昆明市中等职业教育专业设置情况表

产业相关性	专业类别	专业名称
与第一产业相关的专业	农业类	现代农艺技术、畜禽生产与疾病防治、畜牧兽医、农村经济综合管理、中草药栽培技术、设施农业技术、农业机械使用与维护、农产品保鲜与加工、果蔬花卉生产技术、烟草生产与加工、农村电气技术
	林业类	园艺技术、园林技术、园林绿化、现代林业技术
与第二产业相关的专业	资源环境类	地质调查与找矿、钻探工程技术、掘进工程技术、地图制图与地理信息系统、地质与测量、环境保护与检测、采矿技术、钢铁冶炼、石油与天然气储运、矿山机电、矿山测量、矿井通风与安全、岩矿分析与鉴定技术、资源环境与城市管理、地球物理勘查技术、地质灾害与防治技术、工程地质勘查、矿山地质、矿物加工技术
	土木水利类	建筑工程施工、建筑装饰、工程造价、工程监理、建筑工程管理、工程材料检测技术、水利水电工程施工、供用电技术、水电厂机电设备安装与运行、风电场机电设备运行与维护、市政工程施工、道路桥梁工程施工、城镇规划、城镇建设、楼宇智能化设备安装与运行、土建工程测量、消防工程技术、电站运行与检修、土建工程检测、木材加工、石材开发与应用、电梯运行与维护、材料工程技术

续表

产业相关性	专业类别	专业名称
与第二产业相关的专业	加工制造类	机电设备安装与维修、生物化工、生物技术制药、中药制药、食品生物工艺、药品分析与检验、药物制剂、硅酸盐工艺及工业控制、焊接技术应用、电气技术应用、数控技术应用、化学工艺、制冷和空调设备运行与维修、机床切削加工、工业自动化仪器仪表装配与维护、化工分析与检验、机电一体化、工业机器人应用与维修、煤化工
与第三产业相关的专业	交通服务类	航空服务、汽车运用与维修、汽车美容与装潢、铁道运输管理、汽车整车与配件营销、电力机车运用与检修、内燃机车运用与维修、铁道施工与养护、铁道车辆运用与维修、城市轨道交通车辆运用与维修、城市轨道交通运营管理、电气化铁道供电、铁道信号
	信息技术类	计算机应用、计算机网络技术、计算机平面设计、计算机动漫与游戏制作、计算机与数码产品维修、电子与信息技术、电子技术应用、邮政通信管理、通信技术、通信运营服务、客户信息服务、有线通信技术、新一代移动通信技术应用、软件与信息服务、网站建设与管理
	财经商贸类	市场营销、电子商务、会计、会计电算化、物流服务与管理、金融事务、商务英语、房地产营销与管理、财务管理
	旅游服务类	旅游服务与管理、酒店服务与管理、中餐烹饪与营养膳食、西餐烹饪、珠宝玉石鉴定与营销、导游服务、普通话导游、泰语导游、高星级饭店运营与管理、旅游外语
	文化艺术体育类	民族音乐与舞蹈、民族工艺品制作、艺术设计、杂技艺术、服装设计与工艺、服装展示与礼仪、室内艺术设计与制作、音乐、舞蹈表演、戏曲表演、播音与节目主持、器乐表演、社会文化艺术、工艺美术、美术绘画、乐器修造、计算机音乐制作、运动训练、休闲体育服务与管理
	司法与公共管理服务类	产品质量监督与检验、商品储藏与检验、工商行政管理事务、文秘、学前教育、法律事务、物业管理、社区法律服务、护理、农村医学、药剂、药品分析与检验、中药、老年人服务与管理、中医、助产、医学影像技术、医学检验技术、康复技术、口腔修复工艺、卫生信息管理、医疗器械维修与营销、保安、社区康复、人力资源管理、保险事务、休闲服务与管理
	生活服务类	电子电器应用与维修、办公设备维修、服装制作与生产管理、美发与形象设计、茶艺、美容美体、家政服务

资料来源：云南省招生考试院.2016.2016 年云南招生（中职、五年制高职院校招生计划版草案）.昆明：云南教育出版社

昆明市中等职业学校所设置专业的涉及面广，特别是与第三产业相关的专业涉及交通服务、信息技术、财经商贸、旅游服务、文化艺术体育、司法与公共管理服务、生活服务等七大类，涉及服务业的各方面，而且和社会经济的发展紧密联系，专业设置是较为全面和合理的，与昆明市的经济社会发展和主体功能区规划是基本相适应的。

二、存在的问题

在昆明市的职业教育发展中，存在的问题主要表现在以下四个方面。

1）办学条件不足。在办学规模较大的情况下，办学条件急需改善。昆明市职业教育的发展在一定程度上适应了经济社会发展对技术应用型人才数量的需求，但是办学条件却不能完全满足办学的需要。昆明市中等职业学校 2016 年的生师比高达 31.15，居全省第二位，专任教师学历合格率为 84.62%，仅比怒江州稍高。虽然昆明市集中了全省 20.9% 的中等职业学校，而中等职业学校的固定资产值仅占全省总量的 12.4%。教育部 2007 年印发的《教育部关于"十一五"期间加强中等职业学校教师队伍建设的意见》中明确提出，"到 2010 年，全国中等职业学校教师规模达到 130 万人……生师比逐步达到 16：1 左右"[①]。昆明市中等职业学校的生师比已大大超过国家的规定标准，生师比过高是导致教学质量下滑的重要因素，应及时补充学历合格的教师，适度降低生师比，提高中等职业学校教师的学历合格率，加大对中等职业教育的固定资产投入，确保人才培养质量。

2）资源过于集中。昆明市聚集了云南省近 68% 的高等职业教育资源和近 20% 的中等职业教育资源（云南省教育厅，2017），是云南职业教育的高度聚集区，也是云南职业教育发展的核心区域。昆明市的经济发展水平较高，职业教育发展的状况较好，但是职业教育资源过度聚集，不利于教育公平的实现，也易造成稀缺教育资源的浪费。

3）专业设置重复。昆明市的职业学校较多，但表现出集约化程度低、专业设置多且重复设置的状况。许多学校盲目举办那些办学成本低的热门专业，导致分散办学、重复建设，不利于合理利用有限的教育资源，也不利于区域职业教育的合理统筹规划，这必将会影响职业教育的整体发展。

4）辐射作用发挥不足。昆明市作为云南职业教育发展的最大增长极，应充分发挥辐射和引领作用，在提升职业教育办学层次、提升职业教育质量、加强实训基地和专业群建设、强化社会服务功能方面带动全省职业教育的发展，但除了少数学校自发与其他地区的职业学校开展联合办学之外，并无统一的规划

---

① 教育部. 教育部关于"十一五"期间加强中等职业学校教师队伍建设的意见. http://www.moe.gov.cn/srcsite/A07/moe_950/200704/t20070413_79094.html[2007-04-13].

和实施。

三、发展对策

针对《云南省主体功能区规划》，昆明市承载着产业结构优化、发展高新技术产业、引领全省经济发展的功能，这些功能的发挥必须具备大量较高素质的应用型人才和智能型技术工人。因此，对于昆明市来说，发展职业教育的核心是优化教育结构，发展更高标准和更高质量的职业教育，具体包括以下几个方面。

1）促进增长极的扩散作用。统筹规划，促进职业教育的产教融合、校企合作，推动职业教育与云南省主体功能区建设的同步发展。激发职业学校的办学积极性、主动性和创造性，发挥职业教育资源高度聚集区域的扩散作用，鼓励和促进经济较发达地区与欠发达地区的职业教育学校合作办学，充分发挥优质教育资源的辐射和带动作用，尽快实现欠发达地区的职业教育资源的分布均衡。鉴于昆明市的职业教育资源高度集中的实际，应适度迁移一部分职业学校到其他州市，使得全省范围的职业教育资源分布更加均衡，避免教育资源的浪费。

2）加快建设示范性职业院校。加快建设一批示范性职业院校，大力提升这些学校培养高素质、实践能力强的技能型人才的能力，促进它们在创新机制和体制中起到示范作用，以点带面，带动全省职业院校提高人才培养质量。在示范性职业院校的建设中，以专业建设和基础能力建设为重点，强化服务功能，在实践教学、校企合作、工学结合等方面创新体制，在辐射和带动区域、行业职业教育发展等方面发挥示范和带头作用。

3）提升办学层次。提升职业教育的办学层次，适度举办研究生教育，加大高等职业院校的建设力度。加大中等职业教育与高等职业教育之间的衔接力度，逐步提高高等职业院校招收中等职业学校毕业生的比例，使相当数量的中专学生得到接受高等职业教育的机会。同时，要鼓励中等职业教育层次与高等职业教育层次学校之间的合作办学。

4）加强专业建设。面向主体功能区建设，提升专业建设水平，凝练专业方向，支持紧贴产业发展需求、社会认可度高的骨干专业建设。在专业结构上，改变职业技术院校专业设置门类多而不全、杂而不优、专业设置趋同、与地方产业结合不紧密的状况，促进各职业院校骨干专业的特色化发展，促进学校和行业、企业的融合办学。增设环境保护、生态建设的相关专业，加强新一代信息技术、节能与新能源汽车、先进轨道交通设备、先进农机装备、新材料、生物医药及现代服务业等相关专业的布局与发展，合理规划专业设置，促进职业教育资源的优化配置。

5）多元化办学。在形式结构上，积极倡导职业教育办学的社会化，突破公办占据绝对主体的教育模式，努力探索多种办学形式，充分利用民间资本，鼓励各类办学主体通过独资、合资、合作等形式举办职业教育，积极争取行业和企业的深度参与，大力发展成人职业教育，以多种多样的职业技术培训适应多种多样的需求，为学习者提供能满足他们转岗、流动和再就业所要求的学习服务，提高、更新他们的知识和技能；调动社会各界参与职业教育办学的积极性，大力支持民办职业教育的发展。完善学历教育与非学历教育并举、公办教育与民办教育共同发展的职业教育发展格局。

6）强化教师队伍建设。健全职业院校专任教师的培养和继续教育制度，扩充职业教育专任教师数量。创新"双师型"教师（是指既掌握专业基础知识和教育理论，又具备相关领域的实践经验和实践动手能力的职业教育与培训教师）的准入机制，支持职业院校按照相关规定自主聘任兼职教师，加大从企业聘请专业技术人员充实专任教师队伍的力度；加强兼职教师的职业教育教学规律和教学方法培训，促进其专业发展和职业发展。建设一支专、兼职教师相结合的职业教育师资队伍，不仅能较快地解决师资数量不足、生师比过高的问题，而且专任教师和兼职教师因其自身所具有的优势和不足，往往可以互相取长补短，有利于职业教育师资队伍整体水平的提高。

第二节　Ⅱ类区域：云南职业教育腹地区

Ⅱ类区域包括曲靖市、玉溪市、红河州、文山州、大理州、楚雄州和普洱市共 7 个州市。其中，曲靖市、玉溪市、楚雄州、大理州 4 个州市位于云贵高原中部，红河州、文山州、普洱市 3 个州市与越南、老挝、缅甸接壤，7 个州市各具有独特的区位优势。

一、发展现状

（一）曲靖市

曲靖市位于云南省东部，与广西壮族自治区和贵州省交界，下辖 3 区、1 市、5 县。曲靖市是云南省历史上开发较早的地区之一，是云南省重要的重工业基地和工业原料基地，是主要的农产品、油料、蚕桑、畜牧生产基地，也是全国的烟草工业和优质烤烟生产基地，其农业素有"滇东粮仓"之称。

曲靖市一直是我国"三线"建设和云南省工业布局的重点地区，产业基础雄厚、优势突出，现已基本形成了以优势特色农业、能源、烟草、化工、冶金、装备制造、轻工建材、生物资源为支柱的产业基地。

曲靖市境内资源丰富，已探明的矿产资源有 29 种，煤、铁、磷、铝、铅、锌、硫等储量在全省位居前列，其中，煤炭品种齐全，品质优良，探明可开采的煤炭有近百亿吨，占全省储量的 1/3；已开发利用的矿产资源有煤、磷、铅、锌、锑、铁、锰、硅石、重晶石、石灰石、耐火材料、地热水、矿泉水等 36 种。[①]

在《云南省主体功能区规划》中，曲靖市除小部分区域被规划为限制开发区域（农产品主产区）之外，绝大部分区域是国家层面重点开发区域，是全国重要的烟草、旅游、文化、能源和商贸物流基地，是以化工、有色冶炼加工、生物为重点的区域性资源深加工基地，是承接产业转移基地和外向型特色优势产业基地，是全省跨越发展的引擎，是我国西南地区重要的经济增长极。[②]

2016 年，曲靖市有 1 所高等职业院校，即云南能源职业技术学院。在云南能源职业技术学院 2016 年的专业设置中，除了大部分专业设置为与院校所在地的产业布局相吻合的矿产类专业外，该校也设置了会计、文秘以及广告设计与制作 3 个文科类专业，呈现出专业设置的综合化取向。在该校招生的 10 个专业中，有煤炭深加工与利用、矿井通风与安全等 5 个专业是和曲靖市作为国家层面重点开发区域的主体功能相吻合的，是与曲靖市"能源基地、化工、有色冶炼加工基地"的产业结构相适应的。除了培养对应于能源基地、化工、有色冶炼加工基地所需的人才

---

① 曲靖市人民政府. 曲靖市 2016 年国民经济和社会发展统计公报. http://www.qj.gov.cn[2017-01-10].

② 云南省人民政府. 云南省人民政府关于印发云南省主体功能区规划的通知. http://www.yn.gov.cn/yn_zwlanmu/yn_gggs/201405/t20140514_13978.html[2016-12-30].

之外，对于曲靖市产业结构中的另一重要部分，即农产品、油料、蚕桑、畜牧生产基地，以优势特色农业和生物资源为支柱的产业基地，以及烟草、旅游、文化和商贸物流基地所需的本专科高技能人才，云南能源职业技术学院无相关的专业设置。

在曲靖市的中等职业教育中，2016年，曲靖市有普通中专11所、职业高中12所、成人中专9所；普通中专在校生为55 238人，职业高中在校生为13 264人，成人中专在校生为229人，合计68 731人。[①]在办学规模上，曲靖市居全省第二位，办学规模远远超过除昆明市以外的其他州市。其办学层次偏低，主要以中等职业教育为主体。在专业设置方面，2016年曲靖市部分中等职业学校所设置的专业如表5-4和表5-5所示。

表 5-4　2016 年曲靖市部分职业学校专业设置情况表（一）

学校/专业	专业	学校 1	学校 2	学校 3	学校 4
与第一产业相关的专业	园林技术	开设	—	—	—
	畜牧兽医	开设	—	—	—
	农产品保险与加工	开设	—	—	—
	农村经济综合管理	开设	开设	—	—
	农业机械使用与维修	—	—	开设	—
	生物技术制药	开设	—	—	—
开设专业数小计	7	5	1	1	0
与第二产业相关的专业	工程机械运用与维修	—	—	开设	—
	机电技术应用	—	—	开设	—
	发电厂及变电站电气设备	—	—	开设	—
	电子与信息技术	—	—	开设	—
	电子技术应用	—	—	开设	—
	机械制造技术	—	—	开设	—
	焊接技术应用	—	—	开设	—
	机电设备安装与维修	—	—	开设	—
	建筑装饰	开设	—	开设	—
	工程造价	—	—	开设	—
	建筑工程施工	开设	—	—	—
	水利水电工程施工	开设	—	—	—
	汽车工程技术	—	—	开设	—
	电气工程技术	—	—	开设	—
	机械加工技术	—	—	开设	—
	建筑工程技术	—	—	开设	—

---

①　云南省教育厅. 2017. 2016 年云南教育事业统计摘要.

续表

学校/专业	专业	学校1	学校2	学校3	学校4
开设专业数小计	17	3	0	14	0
与第三产业相关的专业	汽车运用与维修	—	—	开设	—
	汽车车身修复	—	—	开设	—
	汽车美容与装潢	—	—	开设	—
	汽车整车与配件营销	—	—	开设	—
	会计	开设	开设	开设	
	会计电算化	—	开设	开设	
	市场营销	—	—	开设	
	电子商务	开设	开设	开设	
	物流服务与管理	—	—	开设	
	高星级饭店运营与管理	—	—	开设	
	旅游服务与管理	—	开设	开设	
	客户信息服务	—	—	开设	
	中餐烹饪与营养膳食	开设	—	开设	
	西餐烹饪	—	—	开设	
	计算机应用	开设	开设	开设	
	计算机平面设计	开设	—	开设	
	计算机网络技术	开设	开设	开设	
	食品生物工艺	开设	—	—	
	食品营养与检测	开设	—	—	
	航空服务	开设	—	—	
	城市轨道交通运营管理	开设	—	—	
	计算机与数码产品维修	开设	—	—	
	美术绘画	开设	—	—	
	广告设计与制作	—	开设	—	
	金融事务	—	开设	—	
	经济贸易与管理	—	—	开设	
	护理	—	—	—	开设
	中医康复保健	—	—	—	开设
	药剂	—	—	—	开设
开设专业数小计	41	12	8	18	3
开设专业数总计	65	20	9	33	3

注：上述的学校1、学校2、学校3、学校4分别指云南省曲靖农业学校、曲靖财经学校、云南省曲靖应用技术学校、曲靖护理学校

资料来源：云南省招生考试院.2016.2016年云南招生（中职、五年制高职院校招生计划版草案）.昆明：云南教育出版社

表 5-5   2016 年曲靖市部分职业学校专业设置情况表（二）

学校/专业	专业	学校 5	学校 6	学校 7	学校 8
与第一产业相关的专业	园林技术	—	开设	—	—
	农村经济综合管理	—	开设	—	—
	农业机械使用与维修	—	开设	—	—
	现代农艺技术	开设	开设	开设	—
	畜禽生产与疾病防治	开设	开设	—	—
	园林绿化	—	开设	—	—
	果蔬花卉生产技术	—	开设	—	—
开设专业数小计	10	2	7	1	0
与第二产业相关的专业	机电技术应用	开设	—	开设	
	电子技术应用	—	—	开设	
	机械制造技术	—	—	开设	
	焊接技术应用	开设	—	开设	
	建筑装饰	开设	—	—	
	建筑工程施工	开设	—	—	
	数控技术应用	开设	—	开设	
	建筑设备安装	开设	—	—	
	硅酸盐工艺及工业控制	—	—	开设	
	制浆造纸工艺	—	—	开设	
	汽车制造与检修	—	—	开设	
开设专业数小计	14	6	0	8	0
与第三产业相关的专业	汽车运用与维修	开设	—	—	开设
	会计	开设	—	开设	—
	市场营销	—	开设	—	—
	旅游服务与管理	—	开设	—	—
	计算机应用	开设	开设	开设	开设
	计算机平面设计	开设	—	—	—
	计算机网络技术	—	开设	—	—
	计算机与数码产品维修	—	开设	—	—
	电子电器应用与维修	开设	开设	开设	开设
	电子与信息技术	—	开设	—	开设
	文秘	—	开设	—	—
	保安	—	开设	—	—
	楼宇智能化设备安装与运行	—	—	开设	—
	服装制作与生产管理	—	—	—	开设
	服装设计与工艺	—	—	—	开设
开设专业数小计	24	5	9	4	6
开设专业数总计	48	13	16	13	6

注：上述的学校 5、学校 6、学校 7、学校 8 分别指曲靖市罗平县职业技术学校、曲靖市马龙职业技术学校、曲靖市陆良职业技术学校、曲靖市富源职业技术学校

资料来源：云南省招生考试院. 2016. 2016 年云南招生（中职、五年制高职院校招生计划版草案）. 昆明：云南教育出版社

表 5-4、表 5-5 显示，所选取的 8 所中等职业学校中，设置的与第一产业相关的专业有 10 个，与第二产业相关的专业有 21 个，与第三产业相关的专业有 36 个。与第一产业相关的专业比较全面，涉及农业、林业，涵盖生产环节与管理环节。与第二产业相关的专业较多，这与曲靖市现有的以能源工业、化工、有色冶炼加工业为主的产业结构是相适应的。与第三产业相关的专业也较多，这与曲靖市作为重点开发区域、人口主要的迁入地也是相适应的。

（二）玉溪市

玉溪市位于云南省中部，下辖 2 区、7 县。玉溪市是连接中国与东南亚的泛亚铁路东线、中线昆曼、昆河高速公路的交汇点，交通基础较好，铁路、公路四通八达，是通往东盟国家的重要交通枢纽。对上是承接昆明的政治、经济、文化和对外开放的重要节点，对下起着辐射邻近州市和西南周边国家的重要作用，是云南国际大通道的重要枢纽和面向东南亚、南亚实施"走出去"战略的集散、加工"腹地"。[①]

玉溪市的工、农业经济基础良好，是云南省工业布局的重点区域，是烟草及配套产业重点区域。玉溪市拥有丰富的煤矿与生物资源，古生物、民族、工业等旅游条件较好。

在《云南省主体功能区规划》中，除了新平县和元江县为限制开发的农产品主产区之外，玉溪市的大部分地区均为国家级重点开发区域，是滇中一小时经济圈、昆（明）玉（溪）旅游文化产业经济带的重要节点。元江、新平哀牢山、新平磨盘山等被规划为禁止开发区域。

2016 年，玉溪市有 1 所高等职业院校、3 所普通中专、9 所职业高中、8 所成人中专。普通中专在校生人数为 7890 人，职业高中在校生人数为 14 739 人，合计 22 629 人[②]，办学规模比昆明市和曲靖市小得多。其办学层次较低，主要以中等职业教育为主体。在专业设置方面，2016 年玉溪市部分职业院校所设置的专业如表 5-6、表 5-7 所示。

---

① 玉溪市人民政府门户网站. 走进玉溪. http://www.yuxi.gov.cn[2016-12-30].

② 云南省教育厅. 2017. 2016 年云南教育事业统计摘要.

表 5-6　2016 年玉溪市部分职业院校专业设置情况表（一）

学校/专业	专业	学校 1	学校 2	学校 3	学校 4
与第一产业相关的专业	农产品保鲜与加工	开设	—	开设	—
	园林技术	开设	—	—	—
	畜牧兽医	开设	—	开设	—
	果蔬花卉生产技术	开设	—	开设	—
	园林绿化	开设	—	开设	—
	烟草生产与加工	开设	—	开设	—
开设专业数小计	11	6	0	5	0
与第二产业相关的专业	工程测量	开设	开设	—	—
	机电技术应用	—	开设	—	—
	电气技术应用	—	开设	—	—
	电气运行与控制	—	开设	—	—
	市政工程施工	—	开设	—	—
	汽车制造与检修	—	开设	—	—
	机械加工技术	—	开设	—	—
	数控技术应用	—	开设	—	—
	模具制造技术	—	开设	—	—
开设专业数小计	10	1	9	0	0
与第三产业相关的专业	美术设计与制作	开设	—	—	—
	会计	开设	—	—	—
	电子商务	开设	—	—	—
	计算机应用技术	—	开设	开设	—
	计算机网络技术	—	开设	—	—
	计算机动漫与游戏制作	—	开设	—	—
	网络安防系统安装与维护	—	开设	—	—
	食品生物工艺	—	开设	—	—
	汽车整车与配件营销	—	开设	—	—
	会计电算化	—	开设	—	—
	市场营销	—	开设	—	—
	电子商务	—	开设	—	—
	旅游服务与管理	—	开设	—	—
	护理	—	—	—	开设
开设专业数小计	15	3	10	1	1
开设专业数合计	36	10	19	6	1

注：上述的学校 1、学校 2、学校 3、学校 4 分别指玉溪农业职业技术学院、云南省玉溪工业财贸学校、云南省玉溪烟草栽培学校、云南省玉溪卫生学校

资料来源：云南省招生考试院.2016.2016 年云南招生（中职、五年制高职院校招生计划版草案）.昆明：云南教育出版社

表 5-7　2016 年玉溪市部分职业院校专业设置情况表（二）

学校/专业	专业	学校 5	学校 6	学校 7	学校 8
与第一产业相关的专业	果蔬花卉生产技术	—	—	—	开设
	农业机械使用与维护	—	—	开设	—
	农村电气技术	—	—	开设	—
开设专业数小计		3	0	0	2	1
与第二产业相关的专业	机电技术应用	—	开设	—	开设
	电气技术应用	—	—	开设	—
	电气运行与控制	—	开设	—	—
	数控技术应用	—	开设	开设	—
	模具制造技术	—	—	开设	—
	建筑装饰	—	开设	—	—
	建筑工程施工	—	开设	—	—
	选矿技术	—	—	开设	—
	矿山机电	—	—	开设	—
开设专业数小计		10	0	5	4	1
与第三产业相关的专业	电子商务	—	开设	—	—
	计算机应用技术	—	开设	开设	开设
	计算机网络技术	—	开设	—	—
	计算机动漫与游戏制作	—	开设	—	—
	网络安防系统安装与维护	—	开设	—	—
	食品生物工艺	—	开设	—	—
	汽车整车与配件营销	—	开设	—	—
	会计电算化	—	开设	—	—
	市场营销	—	开设	—	—
	电子商务	—	—	—	开设
	旅游服务与管理	—	开设	开设	开设
	计算机平面设计	—	开设	—	—
	工艺美术	—	开设	—	—
	数字媒体技术应用	—	开设	—	—
	通信运营服务	—	开设	—	—
	网站建设与管理	—	开设	—	—
	计算机与数码产品维修	—	开设	—	—
	物流服务与管理	—	开设	—	—
	汽车运用与维修	—	开设	开设	开设
	汽车美容与装潢	—	开设	—	—
	汽车车身修复	—	开设	—	—
	导游服务	—	开设	—	—
	文秘	—	开设	—	—

续表

学校/专业	专业	学校 5	学校 6	学校 7	学校 8
与第三产业相关的专业	学前教育	—	开设	—	—
	高星级饭店运营与管理	—	开设	—	—
	电子技术应用	—	开设	—	—
	运动训练	开设	—	—	—
	休闲体育服务与管理	开设	—	—	—
	保安	开设	—	—	—
	室内设计与制作	—	开设	—	—
	服装设计与工艺	—	—	—	开设
开设专业数小计	36	3	25	4	4
开设专业数合计	49	3	30	10	6

注：上述的学校 5、学校 6、学校 7、学校 8 分别指玉溪体育运动学校、玉溪第二职业高级中学、新平县职业高级中学、元江县职业高级中学

资料来源：云南省招生考试院. 2016. 2016 年云南招生（中职、五年制高职院校招生计划版草案）. 昆明：云南教育出版社

从 8 所职业院校所设置的专业来看，与第一产业相关的专业有 8 个，与第二产业相关的专业有 13 个，与第三产业相关的专业有 34 个，与曲靖市相比，玉溪市同样是全省工业布局的重点区域。玉溪市职业教育与第二产业相关的专业明显偏少，与第三产业相关的专业设置基本类似。玉溪市有一定范围的限制开发区域和禁止开发区域，涵盖农产品主产区和重点生态功能区，但涉及生态和环境保护的专业几乎无设置，这是需要加以改进的地方。

（三）红河州

红河州位于云南省东南部，北部与昆明市相连，南部与越南接壤。红河州是"昆明市—越南河内"经济走廊的一个重要增长区，将逐步发展成为未来全省经济布局中南部区域的经济增长中心。红河州开发较早，工业和交通基础较好，生物、矿产资源富集，旅游资源独具特色和通道条件优越，是多数经济作物的最适宜主产区，生物资源开发产业的发展基础及势头较好，是建设云南生物创新产业的重要地区。红河州重点布局烟草产业，还包括以有色金属加工和磷化工为重点的矿电结合产业，以及以民族风情、独特自然风光为重点的旅游业等。

红河州有着丰富的矿产资源，已探明或开采的有色金属、黑色金属、非金色矿产共 49 种。各种金属、非金属矿藏中，锡、锰及伴生金属铟、铋、银储量在

全省和全国均名列前茅。因此，矿产业成为红河州的支柱产业之一。

红河州具有独特的区位优势。红河州背靠滇中城市经济圈，面向越南等东盟国家，有着较好的地理区位优势和经济发展基础条件。云南省委、省政府对红河州的战略部署是：全力融入滇中城市经济圈，努力成为全省面向东盟国家开放的重要交通枢纽、全省经济跨越式发展的战略支撑，在全国 30 个少数民族自治州中当好排头兵，确保与全国全省同步全面建成小康社会。①

在《云南省主体功能区规划》中，红河州涵盖了三种功能区类型，规划情况较为复杂。红河州下辖的 4 市、9 县（蒙自市、个旧市、开远市、弥勒市、建水县、石屏县、泸西县、元阳县、红河县、绿春县、金平苗族瑶族傣族自治县、屏边苗族自治县、河口瑶族自治县）中，个旧市、开远市、蒙自市、河口县为省级重点开发区域，石屏县异龙镇、泸西县中枢镇、元阳县南沙镇、建水县临安镇、弥勒县弥阳镇、屏边县玉屏镇为重点开发县城，金平县金水河镇为重点开发口岸镇。大围山、金平分水岭、绿春县黄连山、建水县燕子洞、元阳县观音山、红河县阿姆山、河口县南溪河、个旧董棕林、开远市南洞被规划为禁止开发区域，其余地区均为限制开发区域。

2016 年，红河州有 2 所高等职业院校，即红河卫生职业学院和云南锡业职业技术学院。两所高等职业院校所设置的专业主要以工科类专业和医学类专业为主，与当地丰富的矿产资源开发相关的矿产类相关专业较多，这是与该区域的社会经济发展相适应的。但是，从红河州的高等职业教育的专业结构来看，本专科层次的专业设置很少，且招生人数不多。2016 年，两所学校所设置的招生专业如表 5-8 所示。

表 5-8　2016 年红河州高等职业院校专业设置情况表

学校/专业	专业	招生人数/人
云南锡业职业技术学院	汽车检测与维修技术	60
	机电一体化技术	60
	电气自动化技术	60
	会计与统计核算	60
	建筑工程技术	60
	机电设备安装与维修	60

---

① 红河州人民政府信息公开网站. 魅力红河. http://www.hh.gov.cn/xxgk/[2016-12-30].

续表

学校/专业	专业	招生人数/人
红河卫生职业学院	护理	400
	药学	150
	助产	50
	医学影像技术	100
	眼视光技术	70
	口腔医学技术	150

资料来源：云南省招生考试院.2016.2016年云南招生（中职、五年制高职院校招生计划版草案）.昆明：云南教育出版社

在红河州的中等职业教育中，2016年，有普通中等职业学校5所、职业高中19所、成人中专13所，普通中专在校生为18 570人，职业高中在校生为10 000人，合计28 570人。①在专业设置方面，2016年，红河州部分中等职业学校所设置的专业如表5-9、表5-10所示。

表5-9　2016年红河州部分中等职业学校专业设置情况表（一）

学校/专业	专业	学校1	学校2	学校3	学校4
与第一产业相关的专业	现代农艺技术	开设	—	—	—
	果蔬花卉生产技术	开设	—	—	—
	现代林业技术	开设	—	—	—
	园林技术	开设	—	—	—
	园林绿化	开设	—	—	—
	畜禽生产与疾病防治	开设	—	—	—
	畜牧兽医	开设	—	—	—
	烟草生产与加工	开设	—	—	—
开设专业数小计		8	8	0	0	0
与第二产业相关的专业	水利水电工程施工	开设	—	—	—
	建筑工程施工	开设	开设	—	—
	工程测量	开设	—	—	—
	机电技术应用	—	开设	—	—
开设专业数小计		5	3	2	0	0
与第三产业相关的专业	高星级饭店运营与管理	开设	开设	—	—
	计算机应用	开设	开设	开设	—
	计算机网络技术	开设	—	开设	开设
	汽车运用与维修	开设	开设	开设	开设
	汽车美容与装潢	开设	—	—	—

---

① 云南省教育厅.2017.2016年云南教育事业统计摘要.

续表

学校/专业	专业	学校1	学校2	学校3	学校4
与第三产业相关的专业	汽车电器维修	—	—	开设	—
	汽车整车与配件营销	—	—	开设	开设
	电子电器应用与维修	—	开设	—	—
	客户信息服务	—	开设	—	—
	旅游服务与管理	—	开设	—	开设
	工艺美术	—	开设	—	—
	服装设计与工艺	—	开设	—	—
	电子商务	—	—	开设	开设
	（平面）广告设计与制作	—	—	开设	开设
	智能楼宇安防系统管理与维护	—	—	开设	—
	会计电算化	—	—	—	开设
	珠宝玉器经营	—	—	开设	—
	市场营销	—	—	开设	—
	物流服务与管理	—	—	—	开设
	美发与形象设计	—	—	—	开设
	法律事务	—	—	—	开设
	烹饪与营养膳食	—	—	—	开设
开设专业数小计		34	5	8	10	11
开设专业总数		47	16	10	10	11

注：上述的学校1、学校2、学校3、学校4分别指红河州农业学校、个旧市第一职业高级中学、开远市职业高级中学、蒙自市职业高级中学

资料来源：云南省招生考试院.2016.2016年云南招生（中职、五年制高职院校招生计划版草案）.昆明：云南教育出版社

表5-10 2016年红河州部分中等职业学校专业设置情况表（二）

学校/专业	专业	学校5	学校6	学校7	学校8
与第一产业相关的专业	现代农艺技术	—	开设	—	开设
	畜牧兽医	—	—	—	开设
	烟草生产与加工	—	—	—	—
	农业机械运用	—	—	开设	—
	农村经济综合管理	—	—	开设	—
	农村土地纠纷调解	—	—	开设	—
开设专业数小计		6	0	1	3	2
与第二产业相关的专业	建筑工程施工	—	—	—	开设
	机械加工技术	—	—	—	开设
	数控技术应用	—	—	—	开设
	机电设备安装与维修	—	—	—	开设
	工程造价	—	—	—	开设

续表

学校/专业	专业	学校5	学校6	学校7	学校8
开设专业数小计	5	0	0	0	5
与第三产业相关的专业	高星级饭店运营与管理	开设	开设	—	—
	计算机应用	—	开设	—	开设
	计算机网络技术	—	—	—	—
	汽车运用与维修	—	开设	开设	开设
	电子电器应用与维修	—	开设	—	—
	旅游服务与管理	开设	—	—	—
	服装设计与工艺	—	开设	—	—
	法律事务	—	—	开设	—
	会展服务与管理	—	—	—	开设
	运动训练	—	—	—	开设
	保安	—	—	—	开设
	旅游外语	开设	—	—	—
	对外汉语	开设	—	—	—
开设专业数小计	16	4	5	2	5
开设专业总数	27	4	6	5	12

注：上述的学校5、学校6、学校7、学校8分别指河口县职业高级中学、金平县职业高级中学、蒙自中等农业机械化学校、石屏县职业高级中学

资料来源：云南省招生考试院. 2016. 2016年云南招生（中职、五年制高职院校招生计划版草案）. 昆明：云南教育出版社

2016年，红河州三次产业结构比为16.1∶45.1∶38.8（云南省统计局，国家统计局云南调查总队，2017），而专业设置中与第二产业相关的专业严重不足，与第一产业相关的专业适中，与第三产业相关的专业较多。

从与主体功能区规划相适应的角度来看，红河州的院校中与省级重点开发区域、限制开发区域、禁止开发区域三种主体功能相适应的专业基本都有所涉及，专业覆盖面较为齐全。另外，一些学校在设置专业时充分考虑到了所服务区域的区位优势、发展方向，所设置的专业具有鲜明的区域适应性，例如，河口县职业高级中学针对其所在区域——河口县的区位优势和未来发展，针对河口县与越南相毗邻，未来发展方向是大力发展与越南等东盟国家的边境贸易、互联互通，相应地设置了旅游服务与管理、旅游英语、对外汉语等专业，以对口培养相关人才。但是，与限制开发区域、禁止开发区域的主要发展方向和产业结构调整相适应的环境保护相关专业没有设置，建议在部分院校中设置环保类相关专业。

（四）文山州

文山州位于云南省东南部，东部与广西壮族自治区接壤，南端与越南交界，有长达 438 千米的边境线，是滇东南面向东南亚开放的重要门户，是沟通云南省与越南、中国与越南的商贸枢纽和物资中转通道，具有对外开放的较好区位优势，也是云南省的特色生物医药、有色冶金、现代农业的产业布局区。[①]

文山州下辖 1 市、7 县，在《云南省主体功能区规划》中，重点开发区域、限制开发区域、禁止开发区域三种功能区类型都囊括在文山州境内，其功能区类型较为复杂。

2016 年，文山州有民办高等职业院校 1 所、普通中专 5 所、职业高中 16 所、成人中专 6 所，普通中专在校生为 10 186 人，职业高中在校生为 20 979 人，中等职业学校在校生合计 31 165 人[②]，是除昆明市、曲靖市之外职业教育在校生规模最大的州市。2016 年文山州部分职业院校设置专业情况如表 5-11、表 5-12所示。

表 5-11　2016 年文山州部分职业院校专业设置情况表（一）

学校/专业	专业	学校 1	学校 2	学校 3	学校 4
与第一产业相关的专业	畜牧兽医	—	—	开设	—
	农村土地纠纷调解	—	—	开设	—
	农产品保鲜与加工	—	—	开设	—
	园林技术	—	—	开设	—
	农用机械使用与维护	—	—	开设	—
	中草药种植	—	—	开设	—
	农村经济综合管理	—	—	开设	—
	农业与农村用水	—	—	开设	—
	淡水养殖	—	—	开设	—
	现代农艺技术	—	—	开设	—
开设专业数小计		10	0	0	10	0
与第二产业相关的专业	应用化工技术	开设	—	—	—
	供用电技术	开设	—	—	—
	材料工程技术	开设	—	—	—
	建筑工程技术	开设	—	—	—
开设专业数小计		4	4	0	0	0
与第三产业相关的专业	护理	开设	—	—	开设

①　文山州政府政务公开网站. 美丽文山. http://www.ynws.gov.cn/zwgk.htm[2016-12-30].
②　云南省教育厅. 2017. 2016 年云南教育事业统计摘要.

续表

学校/专业	专业	学校1	学校2	学校3	学校4
与第三产业相关的专业	药学	开设	—	—	—
	汽车检测与维修技术	开设	—	—	—
	财务管理	开设	—	—	—
	会计	开设	开设	—	—
	学前教育	开设	—	—	—
	航空服务	开设	—	—	—
	应用越南语	开设	—	—	—
	计算机平面设计	—	开设	—	—
	计算机应用	—	开设	—	—
	会计电算化	—	开设	—	—
	市场营销	—	开设	—	—
	电子商务	—	开设	—	—
	高星级饭店运营与管理	—	开设	—	—
	旅游服务与管理	—	开设	—	—
	金融事务	—	开设	—	—
	保安	—	—	开设	—
	产品质量监督与检验	—	—	开设	—
	建筑装饰	—	—	开设	—
	助产	—	—	—	开设
	农村医学	—	—	—	开设
	医学检验技术	—	—	—	开设
	医学影像技术	—	—	—	开设
	药剂	—	—	—	开设
	中医	—	—	—	开设
开设专业数小计		27	8	9	3	7
开设专业数合计		41	12	9	13	7

注：上述的学校1、学校2、学校3、学校4分别指云南三鑫职业技术学院、文山州财贸学校、文山农业学校、文山州卫生学校

资料来源：云南省招生考试院.2016.2016年云南招生（中职、五年制高职院校招生计划版草案）.昆明：云南教育出版社

表5-12　2016年文山州部分职业院校专业设置情况表（二）

学校/专业	专业	学校5	学校6	学校7	学校8
与第一产业相关的专业	畜牧兽医	—	—	开设	—
	农产品保鲜与加工	—	—	开设	—
	园林技术	—	—	开设	—
	农用机械使用与维护	—	开设	开设	—
	中草药种植	—	—	开设	—
	农村经济综合管理	—	—	开设	—

续表

学校/专业	专业	学校5	学校6	学校7	学校8
与第一产业相关的专业	现代农艺技术	—	—	开设	开设
	果蔬花卉生产技术	—	—	开设	—
	农村电气技术	—	—	开设	开设
	现代林业技术	—	—	—	开设
开设专业数小计		11	0	1	7	3
与第二产业相关的专业	机电技术应用	开设	—	—	—
	有色金属冶炼	开设	—	—	—
	生物化工	开设	—	—	—
	数控技术应用	开设	—	—	—
	工程机械运用与维修	开设	—	—	—
	电气运行与控制	—	开设	—	—
	焊接技术应用	—	—	开设	—
	内燃机车运用与检修	—	—	—	开设
开设专业数小计		8	5	1	1	1
与第三产业相关的专业	学前教育	开设	—	—	—
	计算机平面设计	—	开设	—	—
	计算机应用	—	开设	开设	—
	高星级饭店运营与管理	—	—	开设	—
	旅游服务与管理	—	开设	开设	—
	汽车运用与维修	开设	开设	—	—
	电子电器应用与维修	—	开设	—	—
	商务技术	—	开设	—	—
	中餐烹饪与营养膳食	—	—	开设	—
	服装设计与工艺	—	—	开设	—
	客户信息服务	—	—	—	开设
开设专业数小计		14	2	6	5	1
开设专业数合计		33	7	8	13	5

注：上述的学校5、学校6、学校7、学校8分别指文山州民族职业技术学校、文山市职业高级中学、丘北县民族职业高级中学、富宁县民族职业高级中学

资料来源：云南省招生考试院.2016.2016年云南招生（中职、五年制高职院校招生计划版草案）.昆明：云南教育出版社

从表5-11、表5-12来看，文山州职业院校所设置的专业是比较齐全的，特别是与第一产业相关的专业设置相比于其他州市是较多的，总的专业数也较多。在《云南省主体功能区规划》中，文山州是合理开发利用生物资源和现代农业的重点产业区，主要是以产业化方式推进温热带水果、蔬菜、油茶、烤烟、特色畜

产品为重点的生物农业发展[①]，文山州现有的职业院校与第一产业相关的专业设置是与之相适应的。

（五）大理州

大理州位于云南省中部偏西，是滇缅公路、滇藏公路的交汇地，是云南省规划建设的滇西中心城市、区域交通枢纽和滇西物流中心。大理州下辖 1 市、11 县，拥有丰富的旅游资源，现已形成铁路、公路、航空、水运结合，能够辐射带动周边的交通网络，是全省工业经济和农业产业化发展最好的州市之一。

在《云南省主体功能区规划》中，大理州涵盖重点开发区域、限制开发区域和禁止开发区域三种主体功能区类型，产业布局主要以旅游、商贸为主的服务业、生物制药业、冶金和有色金属加工业、高新技术产业、特色农产品加工业为重点。

2016 年，大理州有大理农林职业技术学院和大理护理职业学院 2 所高等职业院校、3 所普通中专、14 所职业高中、12 所成人中专，普通中专在校生为 11 875 人，职业高中在校生为 17 261 人，成人中专在校生为 643 人，合计 29 779 人。[②] 2016 年，大理州部分职业院校专业设置情况如表 5-13、表 5-14 所示。

表 5-13   2016 年大理州部分职业院校专业设置情况表（一）

学校/专业	专业	学校 1	学校 2	学校 3	学校 4
与第一产业相关的专业	畜牧兽医	开设	开设	—	
	食品生物工艺	开设	开设	—	
	园林技术	开设	开设		
	动物防疫与检疫	开设	—		
	现代农艺技术	开设			
	作物生产技术	开设			
开设专业数小计	9	6	3	0	0
与第三产业相关的专业	汽车运用与维修	开设	开设	—	开设
	会计	开设	—	开设	
	计算机应用与维护	开设		开设	开设
	会计电算化	—	—	开设	开设
	金融事务	—	—	开设	—

---

① 云南省人民政府. 云南省人民政府关于印发云南省主体功能区规划的通知. http://www.yn.gov.cn/yn_zwlanmu/yn_gggs/201405/t20140514_13978.html[2016-12-30].

② 资料来源：云南省教育厅. 2017. 2016 年云南教育事业统计摘要.

续表

学校/专业	专业	学校1	学校2	学校3	学校4
与第三产业相关的专业	电子商务	—	—	开设	—
	物流服务与管理	—	—	开设	—
	学前教育	—	—	开设	开设
	珠宝玉石加工与营销	—	—	开设	—
	高星级饭店运营与管理	—	—	开设	开设
	汽车整车与配件营销	—	—	—	开设
	计算机网络技术	—	—	—	开设
	旅游服务与管理	—	—	—	开设
	中餐烹饪与营养膳食	—	—	—	开设
开设专业数小计	22	3	1	9	9
开设专业数合计	31	9	4	9	9

注：上述的学校1、学校2、学校3、学校4分别指大理农林职业技术学院、大理农业学校、大理州财贸学校、大理市中等职业学校

资料来源：云南省招生考试院.2016.2016年云南招生（中职、五年制高职院校招生计划版草案）.昆明：云南教育出版社

表5-14 2016年大理州部分职业院校专业设置情况表（二）

学校/专业	专业	学校5	学校6	学校7	学校8
与第一产业相关的专业	果蔬花卉生产技术	—	—	开设	—
	农村经济综合管理	—	—	—	开设
开设专业数小计	2	0	0	1	1
与第二产业相关的专业	建筑工程施工	开设	—	开设	—
	市政工程施工	开设	—	—	—
	道路桥梁工程施工	开设	—	—	—
	工程测量	开设	—	—	—
	城镇建设	开设	—	—	—
	建筑设备安装	开设	—	—	—
	工程造价	开设	—	—	—
	数控技术应用	—	开设	—	—
	供用电技术	—	开设	—	开设
	国土资源调查	—	—	开设	—
开设专业数小计	12	7	2	2	1
与第三产业相关的专业	汽车运用与维修	—	开设	开设	开设
	会计	—	—	开设	—
	计算机应用与维护	—	—	开设	开设
	计算机网络技术	—	开设	—	—
	旅游服务与管理	—	开设	开设	开设

续表

学校/专业	专业	学校 5	学校 6	学校 7	学校 8
与第三产业相关的专业	中餐烹饪与营养膳食	—	—	—	开设
	建筑装饰	开设	—	—	—
	房地产营销与管理	开设	—	—	—
	计算机平面设计	—	开设	—	—
	电子商务	—	开设	—	—
	电子技术应用	—	—	开设	开设
	美发与形象设计	—	—	开设	—
开设专业数小计	18	2	5	6	5
开设专业数合计	32	9	7	9	7

注：上述的学校 5、学校 6、学校 7、学校 8 分别指云南建设学校、祥云县职业高级中学、宾川县职业高级中学、巍山县职业高级中学

资料来源：云南省招生考试院. 2016. 2016 年云南招生（中职、五年制高职院校招生计划版草案）. 昆明：云南教育出版社

从 5-13、表 5-14 表可知，大理州部分职业院校所设置的与第一产业相关的专业数为 8 个，与第二产业相关的专业数为 10 个，与第三产业相关的专业数为 19 个。总体来说，大理州的职业教育资源较多，职业学校数量多，但设置的专业不多；所设置专业涵盖了第一产业、第二产业和第三产业；所设置的专业有一定的针对性，例如，与农业和林业相关的专业共设置了 8 个，这和大理州的支柱产业之一的特色农产品加工业是相适应的；与第二产业相关的专业设置较多，与大理州的重点开发主体功能和区域交通枢纽、物流中心的产业定位也是相适应的。不足的是，大理州作为旅游资源丰富、民族文化特色鲜明的地区，与文化产业、民族文化传承的相关专业设置少，这是需要加强的。

（六）楚雄州

楚雄州位于云南省中部偏北，是向西往滇西、缅甸的必经之地，是构建"一区、两带、四城、多点"一体化的滇中城市经济圈的 4 个中心城市之一，是滇中产业聚集区的重要组成部分，下辖 1 市、9 县。

经过多年发展，楚雄州已形成卷烟、医药、冶金、食品、建材、煤炭、电力、机械、纺织、化工、旅游服务等门类齐全的行业，烟草、冶金化工、绿色食品、文化旅游、生物医药、新能源新材料等六大重点产业发展迅速。[1]在《云南省主

---

[1] 楚雄州人民政府门户网站. 魅力楚雄. http://www.cxz.gov.cn[2016-12-30].

体功能区规划》中，楚雄州除一部分区域被规划为禁止开发区域之外，大部分区域均被规划为重点开发区域和限制开发重点生态功能区。

2016 年，楚雄州有 1 所高等职业院校、5 所普通中专、10 所职业高中、10 所成人中专，普通中专在校生为 8815 人，职业高中在校生为 8680 人，合计 17 495 人[①]，办学规模不大。2016 年楚雄州部分职业院校专业设置情况如表 5-15、表 5-16 所示。

表 5-15　2016 年楚雄州部分职业院校专业设置情况表（一）

学校/专业	专业	学校 1	学校 2	学校 3	学校 4
与第一产业相关的专业	畜牧兽医	—	开设	—	—
	果蔬花卉生产技术	—	开设	—	—
	园林技术	—	开设	—	—
	农村经济综合管理	—	开设	—	—
开设专业数小计	4	0	4	0	0
与第二产业相关的专业	电气自动化技术	开设	—	—	—
	水利水电建筑工程	开设	—	—	—
	建筑工程技术	开设	—	—	—
	汽车制造与检修	—	—	—	开设
	建筑工程施工	—	—	—	开设
	工程造价	—	—	—	开设
	水利水电工程施工	—	—	—	开设
	建筑装饰	—	—	—	开设
开设专业数小计	8	3	0	0	5
与第三产业相关的专业	护理	开设	—	—	—
	汽车检测与维修技术	开设	—	—	—
	酒店管理	开设	—	—	—
	艺术设计	开设	—	—	—
	生物制药技术	开设	—	—	—
	会计	开设	—	—	—
	学前教育	开设	—	开设	—
	制药技术	—	开设	开设	—
	高星级饭店运营与管理	—	—	开设	—
	服装设计与工艺	—	—	开设	—
	中餐烹饪与营养膳食	—	—	开设	—
	珠宝玉石加工与营销	—	—	开设	—
	会计电算化	—	—	开设	—
	计算机平面设计	—	—	开设	—
	计算机应用	—	—	开设	—
	汽车运用与维修	—	—	—	开设

---

① 云南省教育厅. 2017. 2016 年云南教育事业统计摘要.

续表

学校/专业	专业	学校1	学校2	学校3	学校4
与第三产业相关的专业	汽车美容与装潢	—	—	—	开设
开设专业数小计	19	7	1	9	2
开设专业数合计	31	10	5	9	7

注：上述的学校1、学校2、学校3、学校4分别指云南现代职业技术学院、楚雄农业学校、楚雄民族中等专业学校、楚雄工业学校

资料来源：云南省招生考试院.2016.2016年云南招生（中职、五年制高职院校招生计划版草案）.昆明：云南教育出版社

表5-16　2016年楚雄州部分职业院校专业设置情况表（二）

学校/专业	专业	学校5	学校6	学校7	学校8
与第一产业相关的专业	畜牧兽医	开设	—	开设	—
	农村经济综合管理	—	—	开设	—
	农业机械使用与维护	—	开设	开设	开设
开设专业数小计	6	1	1	3	1
与第二产业相关的专业	建筑工程施工	—	—	开设	—
	机电技术应用	—	开设	—	—
开设专业数小计	2	0	1	1	0
与第三产业相关的专业	会计	—	开设	—	—
	高星级饭店运营与管理	开设	开设	—	—
	服装设计与工艺	—	—	—	—
	中餐烹饪与营养膳食	开设	开设	—	—
	计算机应用	—	—	—	开设
	汽车运用与维修	开设	开设	—	开设
	服装制作与生产管理	开设	开设	—	—
	电子电器应用与维修	开设	—	—	—
	物流服务与管理	—	开设	—	—
	电子技术应用	—	—	—	开设
开设专业数小计	14	5	6	0	3
开设专业数合计	22	6	8	4	4

注：上述的学校5、学校6、学校7、学校8分别指楚雄市职业高级中学、禄丰县职业高级中学、牟定县职业高级中学、元谋县职业高级中学

资料来源：云南省招生考试院.2016.2016年云南招生（中职、五年制高职院校招生计划草案）.昆明：云南教育出版社

从2016年楚雄州部分职业院校设置专业的情况来看，设置专业总数不多，特别是与第一产业和第三产业相关的专业较少。从主体功能区规划的角度来看，楚雄州大部分区域规划为重点开发区域和限制开发区域，重点开发区域承担着承接产业转移基地、吸纳限制开发区域和禁止开发区域内人口等功能，限制开发区

域承担着保障全省乃至全国生态安全、粮食安全的重要任务,因此,应该适度增加与第一产业和第三产业相关的专业。

(七)普洱市

普洱市位于云南省西南部,具有与缅甸、老挝、越南三国接壤的优越区位条件,是中南半岛国家从陆路进入我国的重要门户。在产业布局上,普洱市主要发展以热区农业、旅游文化、生物、能源、轻工、出口商品加工、商贸物流等绿色经济为主的特色产业。[①]

在《云南省主体功能区规划》中,普洱市所辖的9县、1区中,包括了重点开发区域、限制开发区域和禁止开发区域三种主体功能区类型。

2016年,普洱市有4所普通中专、11所职业高中、10所成人中专,普通中专在校生人数为9824人,职业高中在校生人数为9607人,合计19431人。[②]在专业设置方面,2016年普洱市部分职业院校专业设置情况如表5-17、表5-18所示。

表 5-17　2016 年普洱市部分职业院校专业设置情况表(一)

学校/专业	专业	学校 1	学校 2	学校 3	学校 4
与第一产业相关的专业	作物生产技术	开设	—	—	—
	中草药栽培技术	开设	—	—	—
	茶叶生产加工技术	开设	开设	—	—
	设施农业技术	开设	—	—	—
	园艺技术	开设	—	—	—
	园林技术	开设	—	—	—
	林业技术	开设	—	—	—
	生物技术及应用	开设	—	—	—
	农业经济管理	开设	—	—	—
	茶艺	—	开设	—	—
	现代农艺技术	—	开设	—	开设
	畜牧兽医	—	开设	—	开设
	农业机械使用与维护	—	开设	—	—
开设专业数小计	16	9	5	0	2
与第二产业相关的专业	工程造价	—	开设	—	—

---

① 普洱市人民政府门户网站.普洱概况. http://www.puershi.gov.cn[2016-12-30].
② 云南省教育厅.2017.2016 年云南教育事业统计摘要.

续表

学校/专业	专业	学校1	学校2	学校3	学校4
与第二产业相关的专业	汽车制造与检修	—	—	开设	—
	焊接技术应用	—	—	开设	—
	数控技术应用	—	—	开设	—
开设专业数小计		4	0	1	3	0
与第三产业相关的专业	森林生态旅游	开设	—	—	—
	计算机应用技术	开设	开设	开设	开设
	会计电算化	开设	—	—	—
	供用电技术	开设	—	—	—
	汽车运用与维修	开设	—	—	开设
	酒店管理	开设	—	—	—
	食品生物工艺	—	开设	—	—
	高星级饭店运营与管理	—	开设	—	开设
	航空服务	—	开设	—	—
	城市轨道交通运营管理	—	开设	—	—
	生物技术制药	—	开设	—	—
	会计	—	开设	—	—
	会计电算化	—	开设	—	—
	市场营销	—	开设	开设	—
	电子商务	—	开设	开设	—
	物流服务与管理	—	开设	—	—
	计算机平面设计	—	开设	开设	—
	计算机网络技术	—	开设	—	—
	旅游服务与管理	—	开设	开设	—
	学前教育	—	开设	—	—
	电子电器应用与维修	—	—	—	开设
	服装设计与工艺	—	—	—	开设
开设专业数小计		31	6	15	5	5
开设专业数合计		51	15	21	8	7

注：上述的学校1、学校2、学校3、学校4分别指景谷傣族彝族自治县职业高级中学、普洱市职业教育中心、宁洱县职业中学、景东县职业中学

资料来源：云南省招生考试院.2016.2016年云南招生（中职、五年制高职院校招生计划版草案）.昆明：云南教育出版社

表5-18　2016年普洱市部分职业院校专业设置情况表（二）

学校/专业	专业	学校5	学校6	学校7	学校8
与第一产业相关的专业	茶叶生产加工技术	开设	开设	—	—
	现代农艺技术	—	开设	开设	开设
	畜牧兽医	—	开设	—	开设

续表

学校/专业	专业	学校 5	学校 6	学校 7	学校 8
与第一产业相关的专业	畜禽生产与疾病防治	—	—	开设	—
开设专业数小计	8	1	3	2	2
与第二产业相关的专业	建筑工程技术	—	开设	—	—
开设专业数小计	1	0	1	0	0
与第三产业相关的专业	计算机应用技术	开设	—	—	—
	汽车运用与维修	—	开设	—	开设
	高星级饭店运营与管理	—	—	开设	—
	电子商务	—	—	—	开设
	旅游服务与管理	开设	开设	开设	开设
	中餐烹饪	—	开设	—	开设
	文秘	—	开设	—	—
	航空地面服务	—	开设	—	—
	民族服装与服饰	—	开设	—	—
	舞蹈表演	—	—	开设	—
	电子商务	—	—	—	开设
	服装制作与生产管理	—	—	—	开设
开设专业数小计	17	2	6	3	6
开设专业数合计	26	3	10	5	8

注：上述的学校 5、学校 6、学校 7、学校 8 分别指孟连县职业中学、澜沧县职业中学、西盟县职业中学、墨江县职业中学。

资料来源：云南省招生考试院.2016.2016 年云南招生（中职、五年制高职院校招生计划版草案）.昆明：云南教育出版社

　　表 5-17、表 5-18 显示，普洱市的职业院校设置的专业数较多，与第一产业和第三产业相关的专业设置较多，特别是与第一产业相关的专业设置与该地区的产业布局结合紧密。普洱市是享誉世界的普洱茶发源地，普洱古茶园与茶文化系统被联合国粮食及农业组织确立为全球重要农业文化遗产保护试点[①]，依托独特的自然生态和资源环境优势，普洱市现已形成以茶叶、咖啡、生物制药为主的特色产业优势，并逐步形成特色生物产业、现代林业、旅游业、水电业、矿产业的产业集群。与普洱市的产业结构相适应，普洱市的职业院校设置有中草药栽培技术、林业技术、茶叶生产加工技术、生物技术制药、森林生态旅游等和区域支柱产业紧密相关、促进区域支柱产业可持续发展的专业，极好地体现了职业教育对区域经济发展的支撑与促进作用。

① 普洱市人民政府门户网站.普洱概况.http://www.puershi.gov.cn[2016-12-30].

普洱市的民族文化资源丰富，所辖的 9 个县全部为民族自治县，民族文化产业是普洱市具有独特优势的产业之一。我们看到，在普洱市的职业院校的专业设置中，有民族服装与服饰等和民族文化产业相关的专业，这也是与区域经济和文化相适应的专业。因此，普洱市职业院校的专业设置和区域经济社会发展的适应度较高。

二、存在的问题

通过比较和分析可知，在列入Ⅱ类区域的 7 个州市里，职业教育发展存在以下问题。

1）办学层次偏低。曲靖市、玉溪市、红河州、大理州和楚雄州均为云南省经济发展基础较好的地区，特别是曲靖市和玉溪市，在全省 GDP 中占有较大比例；7 个州市在全省的主体功能区规划中也占有重要地位，大部分区域，特别是大部分州市均被规划为国家层面和省级层面的重点开发区域。相对于较好的经济基础而言，职业教育发展的层次偏低，7 个州市都仅有 1～2 所高等职业院校，职业教育的主体仍然是中等职业教育。

2）师资数量严重不足。据 2016 年的数据可知，曲靖市中等职业学校的生师比高达 26.01，居全省第一位，远远超过国家规定的生师比标准，教师数量的严重不足必将影响教学质量，急需补充合格教师，以确保人才培养质量。

3）专业设置趋同。从各州市的专业设置情况来看，专业重复设置情况较为普遍，"计算机应用技术""汽车维修与运用"等专业设置过多，而服务云南、服务主体功能区建设的环境与生态保护、生物医药、旅游文化、信息、高原特色农业、先进装备制造等专业设置过少。7 个州市中有 4 个是少数民族自治州，具有丰富的民族传统文化，但在各州市的职业教育专业设置中，鲜有与民族文化传承和创新相关的专业。

4）服务面向不清晰。大部分学校在服务面向的定位上不明确，在专业建设上追求多而全，盲目追随市场，缺乏办学特色。一方面，学校的专业设置紧跟市场导向，办学充满活力；另一方面，缺乏学校建设和发展的长远规划，缺乏区域职业教育发展的长远规划，专业设置随意性大，办学的功利性过强。

三、发展对策

列入Ⅱ类区域的各州市都是全省经济发展的重点区域，区位优势明显。相比较而言，这些区域的经济发展水平和社会经济结构较好，区域职业教育的发展现状较好，有较大的发展潜力。在《云南省主体功能区规划》中，这些区域是支撑全省经济增长的重要增长极，在全省的经济协调发展中起重要作用，是聚集人口和经济的主要区域。在这些区域，应着力构建完整、协调的职业教育类型和形式体系，更大限度地满足社会对职业教育的需求，特别关注农业劳动力非农转移和异地就业对职业教育的需求；扩大对外开放，调整职业教育结构，为受教育者提供更多的学习途径。创新学校的投资体制，扩大职业教育资源，切实为主体功能区建设服务。具体包括以下几个方面。

1）加大宏观调控。实现职业教育与区域经济社会发展之间的良性互动，关键在于落实地方政府的统筹作用。对于云南省、各州市、各县的职业教育发展，各级教育行政部门应把所辖区域内的职业教育资源作为一个综合体来进行统筹规划。云南省职业教育赖以发展的原有社会经济基础不强，所增加的投入有限，在这样的条件之下，优化配置职业教育资源是提高职业教育总体质量的最直接途径。地方政府应该根据当地经济和社会发展需要，根据主体功能区建设的需求，制定各州市、县的职业教育发展规划，制度化地为职业院校提供招生和就业信息，运用职业教育经费划拨等资源配置途径，引导职业院校高效地适应区域经济和社会发展。

2）充分发挥行业和企业的参与作用。在职业教育的发展中，校企结合、工学结合是职业教育的办学规律之一。企业和学校联合办学，打破了传统的单一办学模式，能够将理论和实际相结合，社会需求和办学计划相结合，知识和技能培训相结合，用人单位和人才培养相结合，职业教育和劳动力市场相结合，使得职业教育能健康持续发展。在办学过程中，各职业院校应该加强与行业、企业的联系，把握地方行业特色，充分分析行业、企业的需求。在专业设置中，职业院校应吸收行业、企业的专家指导和参与，开展行业人力资源需求预测，制定行业职业教育培养方案和培训规划，指导专业建设与课程设置的论证，以校企合作的形式开展新技术的开发和推广，实现产、学、研相结合，培养出理论知识扎实、职业技能良好的应用型人才。

3）提高办学层次。列入Ⅱ类区域的各州市在职业教育的发展中具备较好的办学条件和基础，人才需求也较为旺盛，应适度提升办学层次，可通过引导部分地方普通本科高校向应用型转变，承接昆明市的一部分职业教育资源，或通过合作办学等途径，逐步提高区域职业教育的办学层次。

4）加强师资队伍建设。通过制定科学的培养和培训制度，保障职业院校师资队伍的数量和质量。开展区域之间的对口支援和交流，为区域内职业院校培训师资。建立灵活的兼职教师聘任制度，聘请行业、企业的专业人才和能工巧匠担任兼职教师，加强"双师型"教师队伍的建设。

5）调整专业结构。根据《云南省主体功能区规划》，在Ⅱ类区域中要建设高原特色农产品生产基地，以优质糖和香料为主的生物资源加工基地，重要的化工、有色冶炼加工基地，文化产业发展中心，加快发展现代服务业。为此，职业院校对专业布局结构也应积极做出相应的调整，具体包括以下几方面：随着人口老龄化和加强社区服务、聚集人口等需要，应增加护理人员的培养规模，增加护理专业；为满足主体功能区规划需求，各州市均承担着生态保护与建设的主体功能，应该增加环境和生态保护的相关专业等；为保护、传承和创新少数民族传统文化，应增加相关专业。

第六章
云南职业教育Ⅲ类区域、
Ⅳ类区域的发展思路

本章对云南职业教育区划的Ⅲ类区域和Ⅳ类区域，从社会经济和职业教育发展的现状及问题进行分析，并依据职业教育的发展规律和主体功能区建设的客观需求，对两个分区的职业教育发展方向提出对策和建议。

第一节　Ⅲ类区域：云南职业教育扩展区

Ⅲ类区域包括昭通市、临沧市、版纳州、保山市、德宏州共 5 个州市。

一、发展现状

（一）昭通市

昭通市位于云南省东北部，与四川省、贵州省接壤，处于云、贵、川三省交界处，地理位置十分优越，对内开放的区位优势突出，下辖 1 区、10 县。矿产资源丰富，煤、硫储量居全省首位，水电开发潜力巨大，是云南省重要的能源和矿业经济区，是未来全省发展的一个新亮点，是支撑云南的"北大门"。①昭通市的人口数量仅次于昆明市和曲靖市，是云南省人口较多的州市之一。

在《云南省主体功能区规划》中，昭通市的规划情况较为复杂，包括重点开

---

① 昭通市人民政府门户网站. 走近昭通. http://www.zt.gov.cn[2016-12-30].

发区域、限制开发区域、禁止开发区域三种主体功能区类型。昭通市的功能定位是：昆明—昭通—成渝和长三角经济走廊的前沿，滇、川、渝、黔交界区域的经济增长极；全省重要的能源基地和重化工业基地。[①]

2016 年，昭通市有 1 所高等职业院校，有 6 所普通中专、12 所职业高中、11 所成人中专，普通中专在校生为 12 990 人，职业高中在校生为 12 649 人，中职学校在校生数合计 25 639 人[②]，职业教育办学规模较小。在专业设置上，我们选取 8 所职业学校为例进行分析，2016 年，其所设专业情况如表 6-1、表 6-2 所示。

表 6-1　2016 年昭通市部分职业学校专业设置情况表（一）

学校/专业	专业	学校 1	学校 2	学校 3	学校 4
与第一产业相关的专业	畜牧兽医	—	开设	—	—
	园林绿化	—	开设	—	—
	现代农艺技术	—	开设	—	—
	果蔬花卉生产技术	—	—	—	开设
开设专业数小计	4	0	3	0	1
与第二产业相关的专业	机电设备安装与维修	开设	—	—	—
	建筑工程施工	开设	—	—	开设
	汽车制造与检修	—	—	—	开设
	机械加工技术	—	—	—	开设
	数控技术加工	—	—	—	开设
开设专业数小计	6	2	0	0	4
与第三产业相关的专业	汽车车身修复	开设	—	—	—
	汽车电子技术应用	开设	—	—	—
	汽车运用与维修	开设	—	—	—
	服装设计与工艺	开设	—	—	—
	学前教育	—	开设	—	—
	计算机应用	—	开设	—	开设
	护理	—	—	开设	—
	助产	—	—	开设	—
	农村医学	—	—	开设	—
	计算机网络技术	—	—	—	开设
	电子技术应用	—	—	—	开设
	音乐	—	—	—	开设

---

① 云南省人民政府. 2014. 云南省主体功能区规划.
② 云南省教育厅. 2017. 2016 年云南教育事业统计摘要.

续表

学校/专业	专业	学校1	学校2	学校3	学校4
与第三产业相关的专业	舞蹈	—	—	—	开设
	美术绘画	—	—	—	开设
	旅游服务与管理	—	—	—	开设
开设专业数小计	16	4	2	3	7
开设专业数合计	26	6	5	3	12

注：上述的学校1、学校2、学校3、学校4分别指昭通市职业技术学校、昭通农业学校、昭通卫生学校、昭阳区高级职业中学

资料来源：云南省招生考试院.2016.2016年云南招生（中职、五年制高职院校招生计划版草案）．昆明：云南教育出版社

表6-2　2016年昭通市部分职业学校专业设置情况表（二）

学校/专业	专业	学校5	学校6	学校7	学校8
与第一产业相关的专业	果蔬花卉生产技术	开设	—	—	—
	农业机械使用与维护	开设	—	—	—
	农村经济综合管理	—	—	开设	—
开设专业数小计	3	2	0	1	0
与第二产业相关的专业	建筑工程施工	开设	—	—	—
开设专业数小计	1	1	0	0	0
与第三产业相关的专业	汽车运用与维修	开设	开设	开设	—
	汽车电子技术应用	—	—	—	开设
	计算机应用	开设	开设	开设	开设
	电子技术应用	—	开设	—	开设
	音乐	—	—	—	开设
	舞蹈	开设	—	—	—
	美术绘画	—	—	—	开设
	旅游服务与管理	开设	—	—	—
	电子与信息技术	开设	—	—	—
	文秘	开设	—	—	—
	工艺美术	开设	—	—	—
	市场营销	开设	—	—	—
	电子电器应用与维修	—	开设	开设	—
	高星级饭店运营与管理	—	开设	—	—
开设专业数小计	21	8	5	3	5
开设专业数合计	25	11	5	4	5

注：上述的学校5、学校6、学校7、学校8分别指鲁甸县职业中学、溪洛渡职业高级中学、威信县职业中学、镇雄县职业中学

资料来源：云南省招生考试院.2016.2016年云南招生（中职、五年制高职院校招生计划版草案）．昆明：云南教育出版社

从昭通市选取的 8 所中等职业学校所设置的专业来看，与第一产业相关的专业有 6 个，与第二产业相关的专业有 5 个，与第三产业相关的专业有 21 个，总的专业设置数较少，与第一产业、第二产业相关的专业设置较少，与昭通市在《云南省主体功能区规划》中的功能定位——"云南省重要的能源基地和重化工业基地"（云南省人民政府，2014）相适应的工业所需的大量应用技能型人才不相符合。另外，昭通市作为云南省向长三角和成渝开放的大通道，需要大量商贸物流、交通管理类应用型人才，而这方面的专业设置欠缺。

（二）临沧市

临沧市位于云南省西南部，与普洱市、大理州、保山市相邻，西南与缅甸接壤。临沧市是亚洲独具特色的水电基地，具备丰富的水能资源，漫湾、大朝山、小湾三座百万千瓦级水电站均位于临沧市境内，是世界著名的"滇红"茶叶的原产地，是世界种茶的原生地之一，有 500 余年的种茶、制茶历史。[①]临沧市还具有与缅甸交界的优越区位条件，是面向缅甸的重要商贸集散地。

在《云南省主体功能区规划》中，临沧市除了一部分城镇被规划为重点开发区域外，其余地区被规划为限制开发农产品主产区和禁止开发区域。

2016 年，临沧市有 3 所普通中专、8 所职业高中、8 所成人中专，普通中专在校生数为 11 578 人，职业高中在校生数为 4939 人，成人中专在校生数为 99 人，合计 16 616 人。[②]2016 年临沧市部分职业院校的专业设置情况如表 6-3、表 6-4 所示。

表 6-3　2016 年临沧市部分职业院校专业设置情况表（一）

学校/专业	专业	学校 1	学校 2	学校 3	学校 4
与第一产业相关的专业	农作物生产与经营	开设	—	—	—
	烟草生产	开设	—	—	—
	茶叶生产与加工	开设	—	—	—
	畜禽生产与经营	开设	—	—	—
	动物防疫与检疫	开设	—	—	—
	设施园艺	开设	—	—	—
	中草药种植	开设	—	—	—
	农产品保鲜与加工	开设	—	—	—

---

① 临沧市人民政府门户网站. 走进临沧. http://www.lincang.gov.cn[2016-12-30].
② 云南省教育厅. 2017. 2016 年云南教育事业统计摘要.

续表

学校/专业	专业	学校1	学校2	学校3	学校4
与第一产业相关的专业	农村土地纠纷调解	开设	—	—	—
	农村经济综合管理	—	开设	—	—
	农业设施生产技术	—	—	—	开设
开设专业数小计		11	9	1	0	1
与第二产业相关的专业	建筑工程施工	开设	—	—	—
	水利水电工程施工	开设	—	—	—
	工程造价	—	开设	—	—
	电力营销	—	开设	—	—
开设专业数小计		4	2	2	0	0
与第三产业相关的专业	学前教育	开设	—	—	—
	计算机网络技术	开设	—	—	开设
	汽车运用与维修	开设	开设	—	开设
	会计	—	开设	—	—
	会计电算化	—	开设	—	—
	市场营销	—	开设	—	—
	电子商务	—	开设	—	开设
	电子与信息技术	—	开设	—	—
	计算机应用	—	开设	—	—
	计算机与数码产品维修	—	开设	—	—
	文秘	—	开设	—	—
	旅游服务与管理	—	开设	—	—
	服装制作与生产管理	—	开设	—	—
	皮革制品造型设计	—	开设	—	—
	护理	—	—	开设	—
	康复技术	—	—	开设	—
	医学检验技术	—	—	开设	—
	药剂	—	—	开设	—
	医学影像技术	—	—	开设	—
	农村医学	—	—	开设	—
	航空服务	—	—	—	开设
	电子电器应用与维修	—	—	—	开设
	网络安防系统安装与维护	—	—	—	开设
开设专业数小计		27	3	12	6	6
开设专业数合计		42	14	15	6	7

注：上述的学校1、学校2、学校3、学校4分别指临沧市农业学校、临沧财贸学校、临沧卫生学校、云县高级职业中学

资料来源：云南省招生考试院. 2016. 2016年云南招生（中职、五年制高职院校招生计划版草案）. 昆明：云南教育出版社

表 6-4　2016 年临沧市部分职业院校专业设置情况表（二）

学校/专业	专业	学校 5	学校 6	学校 7	学校 8
与第一产业相关的专业	烟草生产	开设	—	—	—
	茶叶生产与加工	开设	—	—	开设
	农村经济综合管理	—	—	—	开设
开设专业数小计		4	2	0	0	2
与第二产业相关的专业	摩托车制造与维修	—	—	开设	—
开设专业数小计		1	0	0	1	0
与第三产业相关的专业	汽车运用与维修	开设	开设	开设	开设
	会计	开设	—	—	—
	计算机应用	开设	开设	开设	开设
	文秘	—	—	—	开设
	旅游服务与管理	—	—	开设	—
	中餐烹饪与营养膳食	—	—	开设	—
	汽车整车与配件营销	开设	—	—	—
	高星级饭店运营与管理	开设	开设	—	—
	保安	开设	—	—	—
	社会文化艺术	开设	—	—	—
	导游服务	开设	—	—	—
	服装设计与工艺	—	开设	—	—
	工艺美术	—	开设	—	—
	汽车美容与装潢	—	—	开设	—
	民族音乐与舞蹈	—	—	开设	—
	音乐	—	—	—	开设
	餐饮服务与管理	—	—	—	开设
	电子技术应用	—	—	—	开设
开设专业数小计		25	8	5	6	6
开设专业数合计		30	10	5	7	8

注：上述的学校 5、学校 6、学校 7、学校 8 分别指永德县职业技术教育中心、镇康县职业技术教育培训中心、沧源佤族自治县职业技术学校、凤庆县职业高级中学

资料来源：云南省招生考试院. 2016. 2016 年云南招生（中职、五年制高职院校招生计划版草案）. 昆明：云南教育出版社

　　表 6-3、表 6-4 显示，临沧市职业学校设置的专业较为齐全，特别是与第一产业相关的专业设置较多，茶叶生产与加工、中草药种植、农产品保鲜与加工等专业的开设与临沧市大部分区域规划为限制开发农产品主产区的主体功能是相适应的。同时，与临沧市的支柱产业——水电业相关的专业，水利水电工程施工和电力营销专业的设置是非常有特色的，也是适应于临沧市的区域经济发展的。

临沧市也是我国佤族文化的荟萃之地，2010 年，全市有佤族人口 23 万人，占全国佤族总人口的 2/3。[①]民族文化产业是临沧市的支柱产业之一，沧源县就是全国仅有的佤族自治县，是佤族文化的发源地，位于沧源县的沧源佤族自治县职业技术学校就相应地设置有民族音乐与舞蹈专业，这是与当地民族文化的传承事业相支持与促进的。

（三）版纳州

版纳州位于云南省最南端，东南部、南部和西南部分别与老挝、缅甸接壤，边境线长达 966.3 千米，是中南半岛国家进入中国的重要陆路门户，具有优越的地理区位条件。[②]

版纳州是昆明市至磨憨辐射泰国曼谷经济走廊的重要组成部分，是我国与东南亚经济文化联结的纽带，是重要的热带特色生物产业基地，是面向老挝、泰国的重要商贸集散地。版纳州是全国唯一的热带雨林自然保护区，气候温暖湿润，亚洲象、犀鸟、黑冠长臂猿等多种濒危珍稀动植物都生活在这片热带丛林里。版纳州以神奇的热带雨林自然景观和少数民族风情而闻名于世，是中国的热点旅游地区。

在《云南省主体功能区规划》中，版纳州除几个城镇为重点开发区域外，大部分区域均为限制开发和禁止开发的国家级、省级重点生态功能区。

2016 年，版纳州有 1 所高等职业院校、3 所普通中专、4 所职业高中、3 所成人中专，普通中专在校生人数为 3569 人，职业高中在校生数为 4973 人，成人中专在校生数为 41 人，中等职业学校在校生数合计 8583 人[③]，职业教育在校生规模较小。2016 年版纳州部分职业院校专业设置情况如表 6-5、表 6-6 所示。

表 6-5　2016 年版纳州部分职业院校专业设置情况表（一）

学校/专业	专业	学校 1	学校 2	学校 3	学校 4
与第一产业相关的专业	农村经济综合管理	—	开设	—	—
开设专业数小计		1	0	1	0	0
与第三产业相关的专业	护理	开设	—	—	开设
	学前教育	开设	—	—	—

---

① 临沧市人民政府门户网站. 走进临沧. http://www.lincang.gov.cn[2016-12-30].

② 西双版纳州人民政府门户网站. 概况信息. http://www.xsbn.gov.cn[2016-12-30].

③ 云南省教育厅. 2017. 2016 年云南教育事业统计摘要.

续表

学校/专业	专业	学校1	学校2	学校3	学校4
与第三产业相关的专业	英语教育	开设	—	—	—
	应用泰国语	开设	—	—	—
	初等教育	开设	—	—	—
	会计电算化	开设	—	—	—
	经济管理	开设	—	—	—
	旅游管理	开设	—	—	—
	酒店管理	开设	—	—	—
	法律事务	—	开设	—	—
	计算机应用	—	开设	—	—
	休闲体育服务与管理	—	开设	—	—
	服装设计与工艺	—	—	开设	—
	美容美发与形象设计	—	—	开设	—
	民间传统工艺	—	—	开设	—
	篮球	—	—	开设	—
开设专业数小计	17	9	3	4	1
开设专业数合计	18	9	4	4	1

注：上述的学校1、学校2、学校3、学校4分别指西双版纳职业技术学院、西双版纳经济管理职业学校、西双版纳州财贸学校、西双版纳州卫生学校

资料来源：云南省招生考试院.2016.2016年云南招生（中职、五年制高职院校招生计划版草案）.昆明：云南教育出版社

表6-6 2016年版纳州部分职业院校专业设置情况表（二）

学校/专业	专业	学校5	学校6	学校7	学校8
与第一产业相关的专业	农村经济综合管理	开设	开设	—	开设
	现代农艺技术	—	—	—	开设
	果蔬花卉生产技术	—	—	—	开设
	园林艺术	开设	—	—	—
	农业推广	开设	—	—	—
	养殖技术	开设	—	—	—
开设专业数小计	8	4	1	0	3
与第三产业相关的专业	护理	—	—	—	—
	学前教育	—	开设	—	—
	英语教育	—	—	—	—
	应用泰国语	—	开设	开设	开设
	初等教育	—	—	—	—
	会计电算化	—	开设	—	—

续表

学校/专业	专业	学校 5	学校 6	学校 7	学校 8
与第三产业相关的专业	经济管理	—	—	—	—
	旅游管理	—	开设	开设	—
	酒店管理	—	开设	开设	—
	法律事务	—	—	—	—
	计算机应用	—	开设	—	开设
	休闲体育服务与管理	—	—	—	—
	物流服务与管理	—	—	—	开设
	汽车运用与维修	—	开设	开设	开设
	民族音乐与舞蹈	—	开设	—	—
	服装设计与工艺	—	开设	—	—
	国际商务	—	开设	—	—
	计算机网络技术	—	开设	—	—
	计算机动漫与游戏制作	—	开设	—	—
	中餐烹饪与营养膳食	—	开设	—	—
	美容美发与形象设计	—	开设	—	—
开设专业数小计		22	0	14	4	4
开设专业数合计		30	4	15	4	7

注：上述的学校 5、学校 6、学校 7、学校 8 分别指西双版纳州农业学校、景洪市职业高级中学、勐海县职业中学、勐腊县职业高级中学

资料来源：云南省招生考试院.2016.2016 年云南招生（中职、五年制高职院校招生计划版草案）.昆明：云南教育出版社

从表 6-5、表 6-6 可见，版纳州职业院校所设置的专业数较少，与第二产业相关的专业无设置，主要以与第三产业相关的专业为主，这是与其产业布局和区位优势相适应的，应用泰国语专业的设置较多，还有与民族文化产业相关的民族音乐与舞蹈、民间传统工艺等专业都有设置。总体来说，其专业设置与主体功能区规划基本相适应。

不足的是，对应于版纳州的大部分区域为生态功能区，所以，该州应相应地设置与生态保护相关的专业。另外，版纳州作为我国通往老挝、泰国大通道的重要节点，道路、航道等交通基础设施的建设正在展开，所需的大量施工建设技能型人才必须通过职业教育专业来加以培养，所以，相关专业应尽快加以设置。

（四）保山市

保山市位于云南省西部，是我国通往南亚、东南亚乃至欧洲各国的必经之地，

下辖 1 区、1 市、3 县。在"十三五"期间，保山市的发展目标是加快建设"五基地一中心"，即特色农产品加工基地、国际小商品加工基地、数据存储灾害备份基地、新材料加工基地、商贸物流基地、滇西边境中心城市。①保山市是云南省对缅甸和南亚开放的重要增长极，重点布局和发展以火山热海为特色的旅游业、烟叶种植业、传统食品加工业、生物制药业和矿电结合产业。在《云南省主体功能区规划》中，保山市主要以省级重点开发区域和限制开发农产品主产区为主。

2016 年，保山市有普通中专 1 所、职业高中 5 所、成人中专 5 所，普通中专在校生为 2994 人，职业高中在校生为 16 786 人，合计 19 780 人。②2016 年保山市职业院校专业设置情况如表 6-7 所示。

表 6-7　2016 年保山市职业院校专业设置情况表

学校/专业	专业	学校 1	学校 2	学校 3	学校 4	学校 5	学校 6
与第一产业相关的专业	畜牧兽医	—	开设	—	开设	开设	开设
	果蔬花卉生产技术	开设	—	—	—	—	—
	现代农艺技术	—	开设	—	开设	开设	—
	农产品保鲜与加工	—	—	—	开设	—	—
	农业机械使用与维护	—	—	—	开设	—	—
	农村经济综合管理	—	—	—	—	—	开设
开设专业数小计	11	1	2	0	4	2	2
与第二产业相关的专业	焊接技术应用	—	开设	—	—	开设	—
	水利水电工程施工	—	—	开设	—	—	—
	数控技术应用	—	—	开设	—	—	—
	建筑设备安装	—	—	—	—	开设	—
	工程机械运用与维修	—	—	—	—	开设	—
	硅酸盐工艺及工业控制	—	—	—	—	开设	—
开设专业数小计	7	0	1	2	0	4	0
与第三产业相关的专业	汽车运用与维修	开设	开设	开设	—	开设	开设
	服装制作与生产管理	—	开设	—	—	—	—
	计算机应用	—	开设	开设	开设	开设	开设
	会计	—	—	—	—	开设	—
	旅游服务与管理	开设	开设	开设	开设	开设	—
	中餐烹饪与营养膳食	—	—	开设	—	开设	—
	珠宝玉石加工与营销	—	开设	开设	—	开设	—
	电子技术应用	开设	—	—	—	—	—

---

① 保山市人民政府门户网站. 保山概览. http://www.baoshan.gov.cn[2016-12-30].
② 云南省教育厅. 2017. 2016 年云南教育事业统计摘要.

续表

学校/专业	专业	学校1	学校2	学校3	学校4	学校5	学校6
与第三产业相关的专业	电子电器应用与维修	—	开设	—	开设	开设	开设
	物流服务与管理	—	开设	—	—	—	—
	汽车整车与配件营销	—	—	开设	—	—	—
	会计电算化	—	—	开设	—	—	开设
	导游服务	—	—	开设	—	—	—
	服装设计与工艺	—	—	—	开设	—	—
	高星级饭店运营与管理	—	—	—	开设	—	—
	市场营销	—	—	—	—	开设	开设
	电子商务	—	—	—	—	开设	—
	音乐	—	—	—	—	开设	—
开设专业数小计	38	3	7	8	4	10	6
开设专业数合计	56	4	10	10	8	16	8

注：上述的学校1、学校2、学校3、学校4、学校5、学校6分别指保山市隆阳区职业技术学校、施甸县职业高级中学、腾冲县第一职业高级中学、腾冲县第二职业技术中学、龙陵县职业高级中学、昌宁县职业教育中心

资料来源：云南省招生考试院.2016.2016年云南招生（中职、五年制高职院校招生计划版草案）.昆明：云南教育出版社

从保山市仅有的6所中等职业学校所设置的专业来看，与第一产业相关的专业有6个，与第二产业相关的专业有6个，与第三产业相关的专业有18个，总的专业设置数较少。对应于保山市的主体功能区定位主要是农产品主产区，而与农业相关的专业开设得不多，需要增加相关专业。为服务于保山市的支柱产业旅游业，相关专业的开设较多，这是符合产业布局需要的。

（五）德宏州

德宏州位于云南省西南端，三面与缅甸毗邻，是中缅国际大通道、中缅输油输汽管道的出入口。德宏州下辖2市、3县，拥有瑞丽、畹町两个国家一类口岸，章凤、盈江两个国家二类口岸，有较好的通商口岸、丰富的水电和矿产资源，是云南省对外开放的重要门户和通向东南亚、南亚地区的重要通道之一。在产业布局上，德宏州重点布局和发展以优质粮食为主的种植业和深加工业，以香料、药材、水果、咖啡等为重点的特色资源开发创新产业，外经贸和跨境旅游产业，以及珠宝玉器生产加工销售业。

在区位条件上，德宏州一直具有先天优势，因与缅甸山水相连、阡陌相通，

口岸优势突出，拥有瑞丽、畹町两个国家一类口岸，是泛亚铁路和中缅陆水联运大通道的中、外交汇处。德宏州不仅是中国连接南亚、东南亚国家的交界点，更是孟中印缅经济走廊等机制建设的关键所在，在地理位置和交通条件上的先天优势突出。随着瑞丽国家重点开发开放试验区建设的不断推进和德宏州经济社会的不断发展，其在基础设施建设、对外经济贸易、产业发展，以及面向南亚、东南亚产业基地建设等诸多方面都取得了可喜的成绩，也为德宏州对外开放打下了良好的基础（邓清文，2016）。

在《云南省主体功能区规划》中，德宏州的瑞丽市为省级重点开发区域，芒市镇、轩岗镇等6个镇为重点开发区域，其他地区均为限制开发区域（农产品主产区）。

2016年，德宏州有1所高等职业院校，即德宏职业学院，还有1所普通中专、6所职业高中、5所成人中专。普通中专在校生数为5513人，职业高中在校生数为7123人，中等职业学校在校生数合计12 636人[①]，是职业教育规模较小的地区。2016年德宏州职业院校的专业设置情况如表6-8、表6-9所示。

表6-8　2016年德宏州部分职业院校专业设置情况表（一）

学校/专业	专业	学校1	学校2	学校3	学校4
与第二产业相关的专业	工程造价	—	开设	—	—
	发电厂及变电站电气设备安装与检修	—	开设	—	—
	供用电技术	开设	开设	—	—
	机电产品检测技术应用	—	开设	—	—
	数控加工	—	开设	—	—
	工程机械运用与维修	—	开设	—	—
	机电技术应用	—	开设	—	—
	建筑工程施工	—	开设	—	—
开设专业数小计	8	1	7	0	0
与第三产业相关的专业	护理	开设	—	—	—
	医学检验技术	开设	—	—	—
	临床医学	—	开设	—	—
	药学	—	开设	—	—
	助产	—	开设	—	—
	医学影像技术	—	开设	—	—
	木材加工	—	—	开设	—
	汽车运用与维修	—	开设	开设	开设

---

① 云南省教育厅. 2017. 2016年云南教育事业统计摘要.

续表

学校/专业	专业	学校1	学校2	学校3	学校4
与第三产业相关的专业	计算机应用	—	开设	开设	开设
	会计	开设	—	—	—
	会计电算化	—	开设	开设	—
	高星级饭店运营与管理	—	开设	开设	—
	旅游外语	—	—	开设	—
	音乐表演	—	—	开设	—
	珠宝玉石加工与营销	—	开设	开设	开设
	电子技术应用	—	—	—	开设
	旅游服务与管理	—	开设	—	开设
	中餐烹饪与营养膳食	—	开设	—	开设
	计算机平面设计	—	—	—	开设
	电子商务	—	开设	—	—
	市场营销	—	开设	—	—
	金融事务	—	开设	—	—
	计算机网络技术	—	开设	—	—
	学前教育	—	开设	—	—
开设专业数小计	34	3	16	8	7
开设专业数总计	42	4	23	8	7

注：上述的学校1、学校2、学校3、学校4分别指德宏职业学院、德宏州中等职业学校、瑞丽市职业中学、盈江县职业高级中学

资料来源：云南省招生考试院.2016.2016年云南招生（中职、五年制高职院校招生计划版草案）.昆明：云南教育出版社

表6-9　2016年德宏州部分职业院校专业设置情况表（二）

学校/专业	专业	学校5	学校6	学校7	学校8
与第一产业相关的专业	畜牧兽医	开设	—	—	—
	现代农艺技术	开设	开设	—	—
开设专业数小计		3	2	1	0	0
与第二产业相关的专业	供用电技术	—	—	开设	—
	发电厂及变电站电气设备安装与检修	—	—	开设	—
	机电产品检测技术应用	—	—	开设	—
	数控加工	—	—	开设	—
	工程机械运用与维修	—	—	开设	—
开设专业数小计		5	0	0	5	0
与第三产业相关的专业	汽车运用与维修	开设	开设	开设	—
	计算机应用	—	开设	—	—
	高星级饭店运营与管理	开设	—	—	—

续表

学校/专业	专业	学校5	学校6	学校7	学校8
与第三产业相关的专业	音乐表演	开设	—	—	—
	珠宝玉石加工与营销	开设	—	—	开设
	电子技术应用	开设	—	—	—
	旅游服务与管理	—	开设	—	—
	中餐烹饪与营养膳食	—	—	开设	—
	计算机平面设计	开设	—	—	—
	珠宝首饰设计与制作	—	—	开设	—
开设专业数小计	13	6	3	3	1
开设专业数总计	21	8	4	8	1

注：上述的学校5、学校6、学校7、学校8分别指陇川职业中学、梁河职业中学、德宏州技工学校、瑞丽国际珠宝翡翠学校

资料来源：云南省招生考试院.2016.2016年云南招生（中职、五年制高职院校招生计划版草案）.昆明：云南教育出版社

从表6-8、表6-9可知，德宏州的高、中等职业学校共设置专业35个，其中，与第一产业相关的专业有2个，与第二产业相关的专业有8个，与第三产业相关的专业有25个。总体来说，德宏州的职业教育资源较少，职业学校数量少，设置的专业也少，但是其所设置的专业还是涵盖了第一产业、第二产业和第三产业，有一定的针对性，例如，与珠宝玉石加工、首饰设计、营销相关的专业在5所中等职业学校中都有设置，这和德宏州的支柱产业之一的珠宝玉器生产加工销售业是相适应的。不足的是，德宏州作为以优质粮食为主的种植业和深加工业，以香料、药材、水果、咖啡等为重点的特色资源开发创新产业的重点布局地区，开设的农业类专业少，特别是林业类相关专业却没有开设，这是需要加以改善的。

二、存在的问题

在列入Ⅲ类区域的5个州市里，职业教育发展存在以下主要问题。

1）教育规模偏小。5个州市的总人口数（2016年末）占全省总人口数的27.3%（云南省统计局，国家统计局云南调查总队，2017），而中等职业学校在校生数仅占全省的17.1%，特别是昭通市，人口数占全省总人口数的11.5%，而中等职业学校在校生数仅占全省的5.3%（云南省教育厅，2017），职业教育规模明显偏小，与人口数不相匹配。

2）专业设置与区域主体功能不相适应。5个州市中的限制开发区域和禁止开发区域占较大面积，既包括限制开发的农产品主产区和生态功能区，也包括禁止开发的生态功能区。按照主体功能区规划的要求，这些区域除了要发展区域经济之外，还承担着保障全省乃至全国的生态安全、农产品安全的主体功能。但从专业设置上看，与农业、林业、环境保护、生态保护相关的专业设置不多。

3）教育投入不足。从5个州市的职业教育条件来看，职业教育总体投入不足。职业院校在办学的过程中，特别要求通过实训和实践来培养学生的动手操作能力，确保技能型人才的培养质量，因而，对于职业教育而言，需要大量的经费投入以及场地投入，需要建设实训场地和实验室等设施。如果教育投入不足，就会影响区域职业教育的可持续发展。

三、发展对策

列入Ⅲ类区域的各州市，区域经济发展和职业教育发展还不够充分，但职业教育的发展潜力较大。扩展区的职业教育应坚持从区域社会经济发展的需要出发，积极探索和建立区域性的灵活职业教育模式，使区域职业教育的专业结构符合自身独特的生态资源条件、经济产业类型以及主体功能区建设的实际。通过调整职业教育的层次结构、布局结构与专业结构，使区域职业教育在促进区域社会经济发展、主体功能区建设、提高受教育者生活质量、增强劳动力转移的技能准备等方面有较大作为。具体包括以下几个方面。

1）加大职业教育投入。各级政府、各有关业务主管部门要从财力和政策上支持职业教育的发展，努力增加对职业教育的投入。同时，积极探索多种办学形式，鼓励社会各界投资办学、合作办学，形成政府办学为主、民间办学为辅、多种合作为补充，多种渠道参与投资办学的格局，通过多种途径加大对职业教育的投入。

2）扩大职业教育规模。拓宽办学渠道，创新办学机制，放宽招生和入学的限制条件，为学习者提供更多的学习机会，满足他们更新知识、提高技能、丰富生活等各种各样的学习需求。另外，要适应市场经济的要求，面向社会办学，灵活多样地组织教育教学，大力发展职业教育和实用技能培训，提高学习者的职业技能素质，使广大学习者适应工业化、城镇化和农业现代化的要求。

3）建设特色专业。职业院校的办学特色是由自身的优势和基础所决定的。办学特色的核心就是建设特色专业。特色专业必须根据区域经济社会的总体发展战略以及学校自身的定位来设置。Ⅲ类区域的各州市都具有独特的民族文化和特有的区位优势，在职业教育的发展中，特别是在特色专业的设置中，应充分结合文化特色与区位优势，开设民族文化产业开发、跨境旅游等特色专业，加强特色专业建设。

4）共享优质职业教育资源。Ⅲ类区域的部分地区具有良好的经济条件，可以逐步实现教育现代化。这些地区应加大对职业教育信息资源的开发和利用，可以实现优质职业教育资源的共享。另外，应促进这些区域与Ⅰ类区域、Ⅱ类区域职业院校之间的合作办学，共享优质职业教育资源，加快Ⅲ类区域职业教育的发展。

第二节　Ⅳ类区域：云南职业教育潜力区

Ⅳ类区域包括丽江市、迪庆州和怒江州。

一、发展现状

（一）丽江市

丽江市位于云南省西北部，下辖1区、4县，地处云贵高原和青藏高原的连接部位，是云南省连接四川、西藏的重要通道，是昆明—丽江—迪庆—滇川藏大香格里拉对内开放经济走廊的节点区域。丽江具有独特的雪山、冰川、湖泊等自然风光和悠久的民族风情，东巴文化声名远扬，是世界精品旅游胜地，因而文化产业是丽江市重点培育和壮大的仅次于旅游业的又一新兴支柱产业。[①]

在《云南省主体功能区规划》中，丽江市除了古城区、华坪县、永胜县永北镇被规划为重点开发区域之外，其他均为限制开发区域和禁止开发区域。丽江市

---

① 丽江市人民政府门户网站. 旅游文化. http://www.lijiang.gov.cn[2016-12-30].

以发展特色农业、旅游文化、清洁能源、矿产、生物等产业为主，要努力建成全国重要的旅游目的地和水电基地。

2016 年，丽江市没有高等职业院校，有 1 所普通中专、5 所职业高中，普通中专在校生为 4833 人，职业高中在校生为 3332 人，合计 8165 人。①2016 年丽江市职业院校所设置专业情况如表 6-10 所示。

表 6-10 2016 年丽江市职业院校专业设置情况表

学校/专业	专业	学校 1	学校 2	学校 3	学校 4	学校 5	学校 6
与第一产业相关的专业	畜牧兽医	开设	—	—	—	—	—
	中草药种植	—	开设	—	—	—	—
	现代农艺技术	—	—	—	开设	开设	—
开设专业数小计	4	1	1	0	1	1	0
与第二产业相关的专业	机电技术应用	—	—	—	开设	—	—
	数控技术应用	—	—	—	开设	—	—
开设专业数小计	2	0	0	0	2	0	0
与第三产业相关的专业	护理	开设	—	—	—	—	—
	财务管理	开设	—	—	—	—	—
	学前教育	开设	—	—	—	—	—
	农村医学	开设	—	—	—	—	—
	汽车运用与维修	开设	开设	开设	开设	开设	开设
	会计	开设	—	—	—	—	—
	旅游服务与管理	开设	开设	开设	—	—	—
	高星级饭店运营与管理	开设	开设	开设	开设	—	开设
	计算机应用	—	开设	—	开设	—	—
	景区服务与管理	—	开设	—	—	—	—
	中式烹饪与营养膳食	—	开设	开设	—	—	—
	美发与形象设计	—	—	开设	—	—	—
	民族音乐与舞蹈	—	—	开设	—	—	—
	汽车技术服务与营销	—	—	—	开设	—	—
	汽车检测与维修技术	—	—	—	开设	—	—
	计算机平面设计	—	—	—	开设	—	—
	运动训练	—	—	—	开设	—	—
	办公自动化技术	—	—	—	—	开设	—
	建筑装饰	—	—	—	—	—	开设
	服装制作与生产管理	—	—	—	—	—	开设
	电子电器应用与维修	—	—	—	—	—	开设

① 云南省教育厅. 2017. 2016 年云南教育事业统计摘要.

学校/专业	专业	学校1	学校2	学校3	学校4	学校5	学校6
开设专业数小计	34	8	6	6	7	2	5
开设专业数合计	40	9	7	6	10	3	5

注：上述的学校1、学校2、学校3、学校4、学校5、学校6分别指丽江民族中等专业学校、古城区职业高级中学、玉龙县职业高级中学、永胜县职业高级中学、华坪县职业高级中学、宁蒗县职业高级中学

资料来源：云南省招生考试院.2016.2016年云南招生（中职、五年制高职院校招生计划版草案）.昆明：云南教育出版社

从表6-10中可以看出，丽江市职业院校所设置的专业总数偏少，其中，与第三产业相关的专业，特别是服务类专业占较大部分，与第一产业和第二产业相关的专业的设置都很少。在所设置的专业中，与丽江市的支柱产业旅游业相关的专业，如民族音乐与舞蹈、景区服务与管理、高星级饭店的运营和管理都有设置，但是根据丽江市在《云南省主体功能区规划》中所确立的功能区类型，占大部分面积的是限制开发区域和禁止开发区域，这使得环境保护、生态保护、环境监测、自然保护区的管理、文化产业管理等方面的应用型人才成为丽江市实现其主体功能的人力资源支持，而这些专业尚未有所设置，这是需要加以改进的地方。

（二）迪庆州

迪庆州位于云南省西北部，下辖1市、2县，地处滇、川、藏三地接合部的青藏高原南延地段，是世界自然遗产"三江并流"的腹心区，是云南省连接四川和西藏的重要通道。迪庆州具有独特的雪山、冰川、峡谷、河流、湖泊等自然风光、悠久的民族风情和多宗教文化，是自然和文化遗产保护区，高原高寒生物多样性特征明显，生物资源丰富，是天然药材和民族医药的主要生产基地。

在《云南省主体功能区规划》中，迪庆州除了香格里拉县的建塘镇为重点开发城镇外，其他区域均为限制开发区域和禁止开发区域。

2016年，迪庆州有1所普通中专、1所职业高中、3所成人中专，普通中专在校生为2381人。[1]2016年迪庆州职业院校专业设置情况如表6-11所示。

---

① 云南省教育厅.2017.2016年云南教育事业统计摘要.

表 6-11　2016 年迪庆州职业院校专业设置情况表

学校/专业	专业	迪庆州民族中等专业学校	维西傈僳族自治县职业高级中学
与第一产业相关的专业	林业技术	开设	—
	动物防疫与检疫	开设	—
	农业技术	开设	—
	农村综合经营	—	开设
	畜牧兽医	—	开设
开设专业数小计	5	3	2
与第二产业相关的专业	水利水电工程施工	开设	开设
开设专业数小计	2	1	1
与第三产业相关的专业	初等教育	开设	—
	学前教育	开设	—
	护理	开设	—
	汽车运用与维修	开设	—
	中餐烹饪	开设	—
	旅游服务与管理	开设	开设
	农村医学	开设	—
	市场营销	开设	—
	民族音乐与舞蹈	—	开设
开设专业数小计	10	8	2
开设专业数合计	17	12	5

资料来源：云南省招生考试院. 2016. 2016 年云南招生（中职、五年制高职院校招生计划版草案）. 昆明：云南教育出版社

　　表 6-11 显示，迪庆州由于人口数量少，职业教育资源少，相应的职业院校所设置的专业也少。但是，已开设的专业与区域的产业结构是相适应的，例如，澜沧江、怒江和金沙江三条大江自北向南贯穿迪庆州全州，水能蕴藏量达 1650 万千瓦，占全省的 15%，可开发利用的水能资源在 1370 万千瓦以上[①]，丰富的水能资源使得水电产业成为迪庆州的支柱产业之一。从表 6-11 中可见，迪庆州的 2 所职业学校都设置有水利水电工程施工专业，这为迪庆州的水电业培养了对口的技能型人才；迪庆州具备优质的森林资源，森林覆盖率高达 73.9%，并且在《云南省主体功能区规划》中承担着保护区域生态安全、维系生物多样性、提供生态产品等主体功能，迪庆州民族中等专业学校就设置了其他州市几乎没有设置的林业技术专业；迪庆州还是藏族、纳西族、傈僳族人民世代居住的地方，多民族文

[①]　迪庆州人民政府门户网站. 魅力迪庆. http://www.diqing.gov.cn[2016-12-30].

化的交融和多宗教的共同发展，使迪庆州形成了独特的民族文化特色，维西县职业中学就设置了民族音乐与舞蹈专业，对民族文化的传承和开发有着深远的意义和价值。这些例子都阐释了职业教育的专业设置必须与区域的产业布局、发展定位相适应这个原理，也说明迪庆州的职业教育专业设置是具有特色的，是与《云南省主体功能区规划》相适应的，办学定位非常清晰。

（三）怒江州

怒江州位于云南省西北部，下辖 1 市、3 县。怒江由北向南纵贯全境。怒江州地处中、缅和滇、藏的接合部，有长达 449.5 千米的边境线。怒江州是云南省独具特色的生物资源开发创新基地、重要的水能基地和矿产资源开发区[①]，也是傈僳族等多个少数民族杂居的区域，具有浓郁的民族文化特色。

在《云南省主体功能区规划》中，怒江州除了 3 个城镇被规划为重点开发区域之外，其他区域均被规划为限制开发区域和禁止开发区域。

2016 年，怒江州有 1 所普通中专、2 所职业高中、2 所成人中专，普通中专在校生为 1040 人，职业高中在校生为 619 人，成人中专在校生为 186 人，合计 1845 人[②]，是云南省职业教育资源最少的州市之一。2016 年怒江州职业院校专业设置情况如表 6-12 所示。

表 6-12   2016 年怒江州职业院校专业设置情况表

学校/专业	专业	怒江民族中等专业学校	兰坪县职业中学	泸水县高级职业中学
与第一产业相关的专业	农村经济综合管理	—	—	开设
开设专业数小计	1	0	0	1
与第二产业相关的专业	供用电技术	开设	—	开设
	水电厂机电设备安装与运行	开设	—	—
	水利水电工程施工	开设	—	—
	焊接技术应用	—	—	开设
开设专业数小计	5	3	0	2
与第三产业相关的专业	护理	开设	—	—
	农村医学	开设	—	—

---

① 怒江州人民政府门户网站. 怒江概况. http://www.nj.yn.gov.cn[2016-12-30].
② 云南省教育厅. 2017. 2016 年云南教育事业统计摘要.

续表

学校/专业	专业	怒江民族中等专业学校	兰坪县职业中学	泸水县高级职业中学
与第三产业相关的专业	学前教育	开设	—	—
	会计电算化	开设	—	—
	汽车运用与维修	开设	开设	—
	高星级饭店运营与管理	—	开设	开设
	电子电器应用与维修	—	开设	—
	中餐烹饪与营养膳食	—	开设	开设
	计算机应用	—	—	开设
开设专业数小计	12	5	4	3
开设专业数合计	18	8	4	6

资料来源：云南省招生考试院. 2016. 2016 年云南招生（中职、五年制高职院校招生计划版草案）. 昆明：云南教育出版社

从表 6-12 可知，怒江州的中等职业学校共设置专业 14 个，是云南省职业院校设置专业最少的州市，其中，与第一产业相关的专业为 1 个，与第二产业相关的专业为 4 个，与第三产业相关的专业为 9 个。总体来说，怒江州的人口少，职业教育资源少，职业学校数量少，设置的专业也少。但是，其所设置专业还是涵盖了第一产业、第二产业和第三产业，特别是与第二产业相关的专业设置适应于怒江州水能基地和矿产资源开发区的产业布局，所设置的专业有很强的针对性。不足的是，怒江州作为生物资源开发创新产业的重点布局地区，以及大片区域为限制开发的重点生态功能区，相对应开设的农业类专业少，特别是与林业类相关的专业没有开设。另外，与第三产业相关的专业开设较少，不利于限制开发区域和禁止开发区域提升区域人口相应的素质和能力，以切实增强劳动力流动和转移的能力，因此，需增加与第一产业和第三产业相关的专业设置。

二、存在问题

在Ⅳ类区域的职业教育发展中，存在的问题主要表现在以下三个方面。

1）办学规模太小。在主体功能区建设的背景下，该地区的大部分区域被划分为限制开发区域和禁止开发区域，职业教育应在建设中发挥作用，同时应大力开展职业技术培训，以促进人口转移所需职业技能的提升。

2）专业设置数量少。3 个州市的职业教育不仅学校数量少，而且所设置的专业数量也很少，不利于区域的可持续发展。

3）教育条件利用效率过低，3 个州市中除了丽江市以外，迪庆州和怒江州的职业教育生师比均不足 10，师资的利用效率明显过低。

三、发展对策

Ⅳ类区域的 3 个州市都是少数民族聚居区，经济实力薄弱，工业化、城市化程度低，地质地貌复杂，交通不便，职业教育发展水平低，但是 3 个州市有着独特的民族风情、旅游资源和自然资源。在未来的职业教育发展中，这类地区应实施特色化发展策略，特色化地设置专业，主要以满足支柱产业的人才需求和劳动力转移的技能储备，以及提升受教育者的生活质量为目标。另外，应加大与发达地区职业教育机构的合作办学，充分利用优质职业教育资源，提升各区域的职业教育质量，具体包括以下几个方面。

1）增设文化产业相关专业。结合主体功能区建设的需要，结合 3 个州市发展旅游和民族文化产业的需要，依托区域职业教育的专业建设，加强文化创意人才、基层文化人才的培养，保护、传承和创新民族传统文化和非物质文化遗产。

2）提升服务"三农"的能力。3 个州市的城市化率都较低，区域职业教育有责任强化服务"三农"的能力，围绕农业产业链来培养和培训适应农业科技进步所需要的新型农民，推进职业教育与农村的产、学、研合作，在农业、水利、林业、特色农产品种植等方面为"三农"服务。

3）提高人口职业技能。3 个州市的大部分区域为限制开发区域和禁止开发区域，应鼓励和支持职业学校大力开展农村劳动力转移培训和实用人才培训，提高人口的职业技能和素质，增强劳动力流动和转移的能力。

4）促进优质职业教育资源的共享。Ⅳ类区域可以逐步通过实现教育现代化来加速职业教育的发展。在这些地区加大对职业教育信息资源的开发和利用，可以实现优质职业教育资源的共享。另外，应促进这些区域与Ⅰ类区域、Ⅱ类区域职业院校之间的合作办学，共享优质职业教育资源，加快Ⅳ类区域职业教育的发展。

主体功能区视野下的云南职业教育区划研究，始于人地关系理论和区域职业教育与区域经济社会之间的互动关系理论，基于对云南职业教育区划客观基础的分析，核心是构建适应于《云南省主体功能区规划》的职业教育区划原则、方法、指标体系，以及基于该指标体系之上的云南职业教育区划方案和分区发展思路。本章在人地关系理论的指导下，对全书的研究进行了总结，对研究的创新之处进行了梳理，对职业教育区划研究的深入给予了展望。

第一节　研究结论

本书以《云南省主体功能区规划》为指针，以空间结构理论、人地关系理论、人力资本理论、职业教育与区域经济关系理论为基础，梳理云南职业教育区划的客观基础，制定云南职业教育区划的原则、方法和指标体系，分析云南职业教育区划的要素，构建适应于云南省主体功能区建设的云南职业教育区划方案和分区发展思路，以促进国家主体功能区和云南省主体功能区建设为主旨，力求通过对云南职业教育区划的构建，形成云南职业教育与区域经济发展之间的良性互动，助推云南经济社会的发展。主要结论包括以下四个方面。

第一，云南职业教育发展应主动对接，并全面适应区域主体功能区规划要求和区域功能定位，要推动云南省主体功能区建设，就要使得云南职业教育的空间布局、层次结构、专业设置、办学形式与主体功能区规划的经济发展布局、产业结构、人口分布相适应，这为云南职业教育的区划确立了新坐标。

第二，云南职业教育分区是云南职业教育发展现状、云南自然与经济地理状况、云南不同区域主体功能定位交互的结果。各州市既有的职业教育发展差异为云南职业教育分区提供了可能，不同区域的自然与经济地理状况是云南职业教育区域划分的重要基础，不同区域的主体功能定位决定了云南职业教育区划及发展的方向。

第三，云南职业教育总体可以分为四类区域：一是云南职业教育发展的核心区（昆明市）；二是云南职业教育发展的腹地区（曲靖市、玉溪市、红河州、文山州、大理州、楚雄州、普洱市）；三是云南职业教育发展的扩展区（昭通市、临沧市、西双版纳州、保山市、德宏州）；四是云南职业教育发展的潜力区（丽江市、迪庆州、怒江州）。

第四，不同分区的职业教育发展，应侧重于不同的方向。Ⅰ类区域（核心区）：促进增长极的扩散作用，加快建设示范性职业院校，提升办学层次，加强专业建设，实行多元化办学，强化教师队伍建设。Ⅱ类区域（腹地区）：加大宏观调控，充分发挥行业和企业的参与作用，提高办学层次，加强师资队伍建设，调整专业结构。Ⅲ类区域（扩展区）：加大职业教育投入，扩大职业教育规模，建设特色专业，共享优质职业教育资源。Ⅳ类区域（潜力区）：增设文化产业相关专业，提升服务"三农"的能力，大力开展职业技术培训，促进优质职业教育资源的共享。

第二节　创 新 之 处

本书是教育学科和地理学科的交叉研究成果，理论基础既包括地理学理论，又包括教育学的相关理论；研究方法既运用了地理学的空间分析等方法，也运用了教育学的相关研究方法。对于职业教育区划这样一类全新的研究内容，区划的原则、方法，特别是指标体系的构建，对于教育区划的理论与实践都具有重要意义。本书也力图借鉴地理学的区划理论与方法，探索将其应用于教育区划领域，实现地理学和教育学的交叉融合，力求在以下三个方面有所突破。

第一，基于地理学和教育学的跨学科交叉，综合运用职业教育与区域经济社会发展相适应的教育规律和地理学的区域规划理论，在既有主体功能区定位的基础上，结合云南职业教育的现实发展，提出云南职业教育区划方案，在一定程度上拓展了职业教育研究内容的新意。

第二，在综合分析云南职业教育发展的地理基础的前提下，结合云南职业教育的发展现状，针对性地提出云南职业教育的分区发展路径，在一定程度上可为云南现实的职业教育发展提供借鉴，对主体功能区建设背景下的云南职业教育实践具有重要的指导意义。

第三，在主体功能区这个地理空间中来研究教育，探索一种新的研究路径。目前，《全国主体功能区规划》《云南省主体功能区规划》相继出台，主体功能区是一个主观制定的全新的地理空间，改变了以前的教育体系所赖以存在和发展的地理空间。在这样的巨大变革之下，存在和发展于这样的地理空间之中的职业教育，应该如何去适应这样的变革？本书对职业教育的研究建立在主体功能区战略的背景之下，依据主体功能区规划方案，探索适应于主体功能区建设需求的职业教育区划，把教育问题放在主体功能区这个地理空间中来进行研究，这是一个全新的研究视角和一种全新的研究路径。

第三节　研　究　展　望

在对云南职业教育进行区划的研究过程中，出于数据的可测性、可获得性，本书仅选取了2个一级指标、4个二级指标、10个客观可测的三级指标来进行分析。该指标体系的科学合理性以及全面性，有待于长期实践的验证。在职业教育的实践中，还有许多主观性强、不可直接测量的影响教育发展的因素，如教育传统、人们的思想观念、政策规制等，这是后续的研究需要继续深入探索的问题。

另外，由于涉及交叉学科，以及文献资料和数据的可获得性等方面的限制，本书在地理学有关理论和研究方法的运用上有所欠缺，尤其是对于主体功能区视野下的教育区划问题还处于探索阶段，存在进一步优化和改进的空间，教育区划制定的方法和步骤有待于进一步完善。

曹洪华，闫晓燕，洪玗. 2008. 西部主体功能区产业布局——基于产业梯度转移理论的思考. 资源开发与市场，（4）：339-342.

常雪梅，任燕飞. 2009. 促进职业教育与区域经济协调发展的研究. 消费导刊，（1）：170.

陈慧琳. 2007. 人文地理学. 北京：科学出版社.

陈文晖，鲁静. 2010. 区域规划研究与案例分析. 北京：社会科学文献出版社.

陈潇潇，朱传耿. 2006. 试论主体功能区对我国区域管理的影响. 经济问题探索，（12）：21-25.

陈修颖. 2007. 长江经济带空间结构演化及重组. 地理学报，62（12）：1265-1276.

邓清文. 2016-07-29. 德宏：搭建走向世界的"新桥梁". 云南日报，第10版.

杜国明. 2004. 人文地理学、自然辩证法与人地关系理论的发展. 内蒙古师范大学学报（哲学社会科学版），33（5）：110-112.

樊杰. 2007. 我国主体功能区划的科学基础. 地理学报，62（4）：339-350.

范其伟. 2004. 我国城市化进程中职业教育发展研究. 中国海洋大学博士学位论文.

范先佐. 1999. 教育经济学. 北京：人民教育出版社.

方忠权. 2008. 主体功能区建设面临的问题及调整思路. 地域研究与开发，27（6）：29-33.

高国力. 2008. 我国主体功能区划分与政策研究. 北京：中国计划出版社.

葛本中. 1989. 中心地理论评介及其发展趋势研究. 安徽师大学报（自然科学版），（2）：80-88.

国家行政学院进修部. 2013. 主体功能区建设读本. 北京：国家行政学院出版社.

国务院发展研究中心课题组. 2008. 主体功能区形成机制和分类管理政策研究. 北京：中国

发展出版社.

韩晶. 2011. 区域规划理论与实践. 北京：知识产权出版社.

郝寿义，安虎森. 1999. 区域经济学. 北京：经济科学出版社.

何光汉. 2010. 区域空间管治下的四川省主体功能区建设研究. 西南财经大学博士学位论文.

黄立志，李名梁. 2010. 五年来我国职业教育与区域经济协调发展研究综述. 职教通讯，(6)：22-25.

教育学名词审定委员会. 2013. 教育学名词：2013. 北京：高等教育出版社：183-184.

李锦宏. 2011. 区域规划理论方法及其应用——基于欠发达、欠开发地区视角. 北京：经济管理出版社.

李强. 2010. 职业教育学. 北京：北京师范大学出版社.

李文娟. 2009. 苏南地区主体功能区建设研究. 苏州大学硕士学位论文.

李雯燕，米文宝. 2008. 地域主体功能区划研究综述与分析. 经济地理，28（3）：357-361.

李振京，冯冰，郭冠男. 2007. 主体功能区建设的理论、实践综述. 中国经贸导刊，(7)：18-20.

刘芬，邓宏兵，李雪平. 2007. 增长极理论、产业集群理论与我国区域经济发展. 华中师范大学学报（自然科学版），41（1）：130-133.

刘合群. 2004. 职业教育学. 广州：广东高等教育出版社.

刘六生. 2012. 省域高等教育结构调整的理论与实证——以云南省为例. 北京：人民出版社.

陆大道. 1987. 我国新时期经济地理学的区域综合研究方向. 地理研究，6（1）：1-9.

陆玉麒，林康，张莉. 2007. 市域空间发展类型区划分的方法探讨——以江苏省仪征市为例. 地理学报，62（4）：351-363.

罗明东，李舜. 2001. 论教育区域的构成要素及其特点、功能. 学术探索，(6)：61-63.

吕芳. 2008. 地域主体功能区划理论与实践研究——以保定市为例. 河北农业大学硕士学位论文.

南海. 2012. 职业教育的逻辑. 太原：山西人民出版社.

潘玉君，武友德，张谦舵等. 2011. 省域主体功能区区划研究. 北京：科学出版社.

彭世华. 2003. 发展区域教育学. 北京：教育科学出版社.

秦耀辰. 1994. 国外资源研究及其进展. 地球科学进展，9（3）：36-42.

人民出版社. 2015. 全国主体功能区规划. 北京：人民出版社.

史平平. 2007. 城市增长模式及其合理性研究. 河北农业大学硕士学位论文.

孙鹏, 曾刚, 尚勇敏等. 2014. 中国大都市主体功能区规划的理论与实践: 以上海市为例. 南京：东南大学出版社.

孙姗姗, 朱传耿. 2006. 论主体功能区对我国区域发展理论的创新. 现代经济探讨, (9): 73-76.

田明, 樊杰. 2003. 新产业区的形成机制及其与传统空间组织理论的关系. 地理科学进展, 22 (2): 186-194.

王明伦. 2001. 高等职业教育结构及其优化. 职业技术教育, 22 (34): 17-19.

王清连, 张社字等. 2008. 职业教育社会学. 北京：教育科学出版社.

王育宝, 李国平. 2006. 狭义梯度推移理论的局限及其创新. 西安交通大学学报 (社会科学版), 26 (5): 25-30.

魏后凯. 2007. 对推进形成主体功能区的冷思考. 中国发展观察, (3): 28-30.

吴传钧. 2008. 人地关系地域系统的理论研究及调控. 云南师范大学学报 (哲学社会科学版), 40 (2): 1-3.

肖莹, 冯占民, 熊玉. 2006. 透视增长极理论及在我国区域经济发展中的应用. 科技与管理, (3): 4-7.

杨景平. 2005. 西部地区教育区划研究. 河北科技师范学院学报 (社会科学版), (1): 40-43.

杨伟民. 2007. 关于推进形成主体功能区的几个问题. 中国经贸导刊, (2): 23.

杨伟民, 袁喜禄, 张耕田等. 2012. 实施主体功能区战略, 构建高效、协调、可持续的美好家园——主体功能区战略研究总报告. 管理世界, (10): 1-17.

俞诗秋, 沈百福. 2000. 教育经济区划的方法与步骤. 中南民族学院学报 (人文社会科学版), 20 (2): 115-119.

云南省教育厅. 2017. 2016 年云南教育事业统计摘要.

云南省统计局, 国家统计局云南调查总队. 2017. 云南统计年鉴 2017. 北京：中国统计出版社.

云南省招生考试院. 2016. 2016 年云南招生 (中职、五年制高职院校招生计划版草案). 昆明：云南教育出版社.

张京祥, 崔功豪. 1999. 区域与城市领域的拓展: 城镇群体空间组合. 城市规划, 23 (6): 37-39.

张景山. 2009. 基于主体功能区视角的松原市发展对策研究. 吉林大学硕士学位论文.

张胜武，石培基. 2012. 主体功能区研究进展与述评. 开发研究，（3）：6-9.

张玉琴. 2005. 中日职业教育区域研究. 保定：河北大学出版社.

赵文华. 2001. 高等教育系统论. 桂林：广西师范大学出版社.

中国大百科全书总编辑委员会《教育》编辑委员会. 1985. 中国大百科全书——教育. 北京：中国大百科全书出版社.

周彬学. 2009. 城市边缘区主体功能区划研究——以西安市长安区为例. 陕西师范大学硕士学位论文.

朱德全，徐小容. 2014. 职业教育与区域经济的联动逻辑和立体路径. 教育研究，（7）：45-53.

朱金鹤，崔登峰. 2013. 以限制开发为主的边疆地区主体功能区建设研究：以新疆生产建设兵团为例. 北京：中国农业出版社.

尊敬的专家：

您好！因本人完成著作的需要，请您拨冗填写下列问卷。对您所提供的帮助表示衷心的感谢！

专家姓名：　　　　　　　研究领域：

职称/职务：　　　　　　　填写日期：

请对以下问题提出您的看法：

1）您是否认为社会经济发展水平和职业教育发展水平是划分职业教育发展区域的主要因素？两者的相对重要程度如何（用百分数来表示）？

2）在社会经济发展水平中，经济发展水平和社会经济结构两个因素是否能体现社会经济发展水平？经济发展水平和社会经济结构的相对重要程度如何？

3）经济发展水平可以用哪些指标来体现？

4）社会经济结构可以用哪些指标来体现？

5）职业教育规模和职业教育条件两个因素是否能体现职业教育发展水平？职业教育规模和职业教育条件的相对重要程度如何？

6）职业教育条件可以用哪些指标来体现？

致　谢

庆幸于在高校工作，时时得以浸润在书香之中，但也时时敬畏学海无涯。回首往昔，深感在不同学科之间探索的不易，地理学和教育学貌似相隔甚远，实则两者之间有着千丝万缕的联系。然而，要抓住这些联系，并把它们揭示出来，却是非常困难的，需要兼有地理学和教育学的深厚功底，还需要有把两者融合起来的能力，故而常常觉得前路漫漫。初学时的迷茫，写作中的百思不得其解，而后抽丝剥茧，终于豁然开朗，也着实能体会到收获的欣喜。经历过，方能体味其中的甘苦。在不知不觉间，养成了终身受益的学习和思考的习惯，也让自己拥有了更加坚韧的毅力。

本书的写作、修改到定稿，得到了云南师范大学伊继东教授的悉心指导。他严谨的治学态度、睿智的教学方式、宽厚的待人之道，无不让我受益匪浅，他不仅是我的学术导师，更是我的人生导师！在此谨向伊老致以最诚挚的尊敬与感激！还要特别致谢潘玉君教授，从本书的选题、写作，直至反复修改、成稿，无不得到潘老师的谆谆教诲。

同时，也要感谢云南师范大学骆华松教授、武友德教授、周智生教授、刘六生副教授、段从宇老师、姚辉老师，他们都在我写作本书的过程中给予了很多指点和帮助，才使本书得以顺利完成。科学出版社朱丽娜老师为本书提出了宝贵的修改意见，在此一并致谢！

最后，也将最深沉的谢意送给我的爱人金黄斌先生和儿子。他们在最艰难的岁月里给了我无微不至的关怀和极大的宽容，给予我战胜困难的勇气和信心，支持我、陪伴我顺利完成写作。

路漫漫其修远兮，吾将上下而求索！

赵枝琳

2018 年 12 月